右江水利公司
2022 年调研报告选集

广西右江水利开发有限责任公司◎编

黄河水利出版社
·郑州·

图书在版编目(CIP)数据

右江水利公司2022年调研报告选集/广西右江水利开发有限责任公司编 .—郑州:黄河水利出版社,2023. 5

ISBN 978-7-5509-3573-0

Ⅰ. ①右… Ⅱ. ①广… Ⅲ. ①水电企业-调查报告-广西-文集 Ⅳ. ①F426.9-53

中国国家版本馆CIP数据核字(2023)第095867号

责任编辑　李晓红　　　　责任校对　兰文峡
封面设计　李思璇　　　　责任监制　常红昕
出版发行　黄河水利出版社
　　　　　地址:河南省郑州市顺河路49号　　邮政编码:450003
　　　　　网址:www.yrcp.com　　E-mail:hhslcbs@126.com
　　　　　发行部电话:0371-66020550
承印单位　河南博之雅印务有限公司
开　　本　787 mm×1 092 mm　1/16
印　　张　6
字　　数　80千字
版次印次　2023年5月第1版　　　　2023年5月第1次印刷

定　　价　35.00元

《右江水利公司 2022 年调研报告选集》
编 委 会

编写人员 肖卫国 袁文传 马建新 汤进为 王 伟
黄承泉 吕油库 李 冲 黄 鸿 秦志辉
赵松鹏 杨 珺 何志慧 郑 莉 戴传诠
任作义 张兴华 王 洋 陈启壮 韦道智
李 健 汪成中 李兴文 张铭一 张议予
覃 就 杨 堃 周少良 罗 丹 焦爱玲
潘雪蕾 黄 辽 甘 雨 薛丹华 潘 倩
彭 冬 黄承权

前 言

2022年,是党的二十大胜利召开之年,是我国踏上全面建设社会主义现代化国家新征程、向第二个百年奋斗目标进军的开局之年,也是右江水利公司(简称公司)高质量发展的关键之年。

一年来,公司深入贯彻落实习近平总书记"节水优先、空间均衡、系统治理、两手发力"治水思路和关于治水重要讲话指示批示要求,在水利部党组、珠江委党组的坚强领导下,完整、准确、全面贯彻新发展理念,坚持稳字当头、稳中求进,聚焦主责主业,推进广西库区土地确权办证工作等重大经营发展事项取得突破性进展,顺利解决上网电价上调、云南库区建设用地确权、巡察审计等遗留问题。百色水利枢纽工程荣获国家水情教育基地称号,获评水利部"人民治水·百年功绩"治水工程、第四届水工程与水文化融合案例,公司高质量发展迈出新步伐。

新征程上,右江水利公司高质量发展面临着新形势、新任务、新挑战、新要求,为持续推进公司治理体系和治理能力现代化,公司党委在水利部党组、珠江委党组的领导下,围绕国有资产保值增值、资源开发利用、产业结构转型升级、企业治理管理、人才队伍建设等方面深入开展调查研究,从实际出发,发现典型、学习先进、总结经验、指导工作,为公司高质量发展提供决策依据。

调查研究是我们党的传家宝。习近平总书记指出,调查研究是谋事之基、成事之道,没有调查就没有发言权,没有调查就没有决策权;调查研究是获得真知灼见的源头活水,是做好工作的基本功。右江水利公司党委高度重视调查研究工作,坚持问题导向,敢于正视问题,善于发现问题,以解决问题为根本目的,真正把情况摸清、把问题找准、把对策提实,党委成员牵头带领各相关部门深入调研现场,掌握真情况、研究真问题,真正俯下身子干实事、谋实招、求实效。

涉浅水者得鱼虾,涉深水者得蛟龙。此次《右江水利公司 2022 年调研报告选集》精选收录十篇有针对性的调查研究报告,于事实之中,用事实说话,内容丰富、分析透彻,对破解制约新阶段公司高质量发展难点堵点问题具有极强的参考价值。通过这本选集,我们能看到调查研究的实际成效,能看到调研成果的转化运用,能看到推进右江水利公司高质量发展的真知灼见,真正实现了“调”以务实、“研”以致用。

编　者

2023 年 3 月

目　录

1　关于重庆市水利投资(集团)有限公司的调研报告

为进一步做好公司所属水库的管理保护与开发工作,学习同行在水资源综合利用、供水业务拓展和水产品开发途径等方面的成熟做法和先进理念,以及在公益性项目发展、水资源保护、水环境治理等方面的成功经验,2021年12月23日至25日,公司党委书记、董事长肖卫国带领发展经营部、库区管理中心、综合服务中心和清源电力公司负责人赴重庆市水利投资(集团)有限公司(简称重庆水投)调研。调研组一行先后实地考察了苟溪桥水库、龙门桥水库、玉滩水库和迎龙湖水库,听取了重庆水投在库区管理、坝区规划、渔业资源开发、水环境治理、信息化建设等方面的情况介绍,并就水资源综合利用模式、水环境保护治理经验、生态渔业发展前景等方面的经验与重庆水投代表开展座谈。调研组还与重庆水务局领导及规计处就水利改革发展相关事宜进行交流。现将有关调研情况报告如下。

一、重庆水投概况

重庆市水利投资(集团)有限公司于2003年11月正式组建成立。2019年11月,重庆水投完成专业化重组,是全国首家省级水利投资集团、重庆市国资委直接持股的市属国有重点企业。重庆水投立足"水资源保障、城乡供水一体化、水环境治理、创新水资源综合利用"四大战略定位,充分发挥投融资功能,突破长期制约公益性水利项目建设的资金瓶颈,成功探索多渠道合作新路建成投运大批重点水利(水源)工程,树立起全国水利行业投融资改革的"一面旗帜"。同时,重庆水投还大力发展水利基础产业,大力开发优质民生水利公用产品。

经过17余年发展，重庆水投资产达709亿元，主体信用评级达到AAA级，拥有52家全资、控股子公司，全集团在职员工总数近8 000人。截至2021年6月，重庆水投累计完成各类投资超过534亿元，建设水库100余座，形成水面22万亩（1亩＝1/15 hm^2），年供原水能力16亿 m^3；在21个区（县）建成供水工程67座，供水能力228万 m^3/日；建成水电站63座，发电装机容量近53万kW；三大提水工程原水供应能力45万 m^3/日。

二、调研主要情况

调研组一行于23日早上到达重庆后，立即开展实地考察。在重庆水投的精心安排下，行程紧张高效，在荷溪桥水库，主要考察了水库生态渔业养殖和管理区规划经验；在龙门桥水库，主要考察了库区旅游开发、信息化建设和项目规划情况；在玉滩水库，主要考察了水库管理方与地方乡镇、村集体共同成立生态养鱼合作社的主要做法；在迎龙湖水库，主要考察了水库渔业资源一体化管理模式，主要情况如下。

（一）荷溪桥水库

荷溪桥水库位于重庆渝北区王家街道荷溪桥村，距重庆主城区32 km。工程于2013年12月开工建设，2016年6月投入运行，库容约1 000万 m^3，总投资约5.1亿元，是重庆市重点水利工程。水库作为城市备用水源，兼有农村人畜饮水、渔业养殖、旅游开发、休闲娱乐、会务接待等综合服务功能。主要规划“一湖四区一环”的空间布局（一湖：荷溪桥水库，四区：大屋半山民宿、玉峰田园乡村度假区、荷溪花海山水休闲区、银花百果采摘区；一环：环湖骑行旅游线），着力打造具备自身特色的水文化深度体验基地。

此外，荷溪桥水库加快修复水域生态环境和渔业资源、维护水域生态平衡，因地制宜，大力发展生态渔业养殖产业（见图1、图2）。采取“人放天养”绿色模式，不投饵、不投料、不施肥，发挥生态渔业养殖对水环境修复功能,增强水体自净能力,实现“以鱼净水、生态治水”的效果,满足市民对优质生态鱼的需求,有力保障市民“菜篮子”工程。同时,荀溪桥水库升级打造水文化景观,吸引休闲垂钓,拓宽业态,增加收益,达到“一水多用,多方共赢”的目的。

图1 在荀溪桥水库听取生态渔业养殖情况介绍

图2 荀溪桥水库生态渔业养殖

(二)龙门桥水库

龙门桥水库位于长寿区晏家街道龙门村,距离主城区约70 km。工程于2013年11月开工建设,2018年11月投运,水库总库容1 117万 m^3,总投资约6亿元,是一座以城乡供水为主,兼有防洪、农业灌溉等综合效益的中型水库。龙门桥水库除大力发展生态养殖产业外,始终坚持生态优先,顺应自然、保护自然,利用其独特的区位优势和两山夹一库的秀美自然风光,结合龙门桥水库的水资源特点以及当地文化等文旅资源,提升周边区域第三产业质量,打造以旅游观光、休闲度假、特色康养为主题,融生态康养中心、水上乐园、研学基地等于一体的高端旅游品牌，着力建设西南首个家庭轻奢生态度假营地（见图 3、图 4）。

图 3　龙门桥水库开发项目

图 4　龙门桥水库试点民宿项目

龙门桥水库管理创新信息化建设模式，与中国电信重庆长寿分公司联合开发水库管理信息化系统，构建水库运行智能化管理一体化平台（见图 5）。加强库区基本数据收集、整理与应用，通过卫星遥感、无人机、视频、5G 网络、气象预报等多元技术，智能分析实时运行参数，建立覆盖库区水域岸线的水库实时监测和动态感知系统，将水情会商、水情监测、实时监控、工程管理等内容进行流程化管理，主要打造供水、防洪、灌溉等业务的预测、预警、预演、预案三维可视化平台，逐步完善水雨情测报和安全监测等智能设施，打造融合智能感知、监视预警、巡检养护、事件上报、大数据分析、应急响应和问题处置反馈于一体的水库智能化管理体系,实现水库管理智能化,提升水库管理水平,使水库管理和调度更加科学、快捷,为水库安全运行提供信息支撑,实现智能化水库的长效管理。

图 5 在龙门桥水库听取信息化建设情况介绍

(三)玉滩水库

玉滩水库位于重庆市大足县珠溪镇玉滩村,距离主城区 110 km。工程于1960年投运,2007年 6 月扩建,2011年 6 月下闸蓄水,扩建后总库容1.5亿 m^3,工程总投资12.25亿元。是一座以灌溉为主,兼顾供水、发电和水资源开发利用的大(2)型水库。工程获得2012年度中国水利工程优质(大禹)奖,以及2014—2015年度"中国建设工程鲁班奖"。

玉滩水库生态渔业养殖主要是以水库管理单位与地方乡镇、村集体共同成立生态养鱼合作社(见图 6、图 7)。按照"三方合作养鱼协议",管理单位占股 20%,负责鱼种配置、成鱼捕捞、活鱼运输、市场销售;镇政府占股 20%,主要负责渔政管理;村集体占股 60%,主要负责渔业生产管理。玉滩水库生态渔业养殖于2016年春开展,养殖业务开展以来,加强了对水库的有效管理,净化了水库水质,同时解决了水库周边渔民就业问题,提高了淹没区移民收入,推进了库区扶贫开发和乡村振兴。2020年,玉滩水库共捕捞各类成鱼83.6万斤(1 斤=0.5 kg)。

图 6　在玉滩水库听取生态养鱼合作社经验介绍

图 7　考察渔政管理船

（四）迎龙湖水库

迎龙湖水库位于重庆市南岸区，属重庆市“泽渝工程”，距主城区 22 km。工程于2003年 10 月开工建设，于2008年 4 月投运，总库容1 800万 m^3，水库面积2 500亩，工程总投资4.5亿元，是一座以农业灌溉、城市供水为主，兼顾农村人畜饮水及改善生态环境的公益性水利工程。

重庆两江生态渔业发展有限公司（简称两江公司）与迎龙湖水库管理局为一套班子两套牌子，为隶属于重庆水利的二级专业化公司，主要负责重庆水投所属水库的渔业资源一体化管理，拥有重庆唯一的渔业全产业链八大体系。目前,规划建设30余处水库渔业基地(包括四大片区中转基地、流水养殖基地、特色鱼种基地、观光渔业基地等)、40个片区总经销、50个品牌餐饮店、300个社区直销店、10余个品牌连锁合作商超(见图8~图10)。

图8　在迎龙湖水库听取“渝湖”水库生态鱼市场开发经验介绍

图9　迎龙湖成鱼存储中转基地

图10　“渝湖”牌水库生态鱼

两江公司按照“生态发展、引领高端”战略定位,坚持走“三优一高”(水质优、鱼质优、服务优,性价比高)的绿色品牌发展道路,承接市政府“水库生态修复、创新水资源综合利用”主体职责,致力于库区“自然、生态、文化”的深入挖掘,促进与“山、水、鱼”融合发展,创立了具有一定知名度的“渝湖”水库生态鱼品牌。按照“一钓、一茶、一世界,那山、那水、那条鱼”的发展愿景,规划2025年渔业全产业链总投入20亿元,总产值10亿元,总利税1亿元,总资产100亿元。

此外,调研组还抽空考察了长寿湖水库。长寿湖水库地处重庆

1小时黄金旅游圈内，距重庆主城58 km。工程于1954年8月开工建设，1957年3月投运，是“一五”期间重点水利工程和苏联援助的156个重点建设项目之一，库容约10亿 m^3。长寿湖风光秀丽，以湖光、岛影著称，但由于水库管理长期失效，湖中大量核心岛屿或被企业占有或被私人购买，自然资源被无序、过度开发，得天独厚的自然风光价值难以正常发挥。而在渔业养殖方面，由于附近污染源众多，以及水库长期投食喂养，导致水体水质污染严重，渔业发展受到巨大影响。

三、重庆水投在水资源综合利用和经营管理方面的主要做法

重庆水投以认真落实全市国企改革三年行动方案、积极推进企业“三项制度”改革、全力以赴推进民生工程建设、千方百计挖潜增效、统筹推进内部资源优化配置、全力培育新的利润增长点、毫不松懈做好安全环保工作、全面加强依法依规治企等八项重点工作为核心，积极拓展水资源利用，促进集团经营管理有序开展，业务范围逐步扩大。

（一）水资源配置与供水保障

重庆水投以水利工程建设和运行管理为依托，加快形成水利基础设施网络，建立水资源保障体系，着力解决重庆市工程性缺水难题。重庆水投聚焦优化水资源配置和提高水资源供给保障能力，加快建设一批重大水利工程，推进骨干水源工程管护标准化、集约化、智慧化和市场化。同时加快城乡供水一体化布局，推动城市供水在有条件的区域逐步向周边农村延伸，将规模化发展、企业化经营、专业化管理引入到城市周边乡镇及农村供水市场，逐步实现村镇供水与城市供水同网、同质。目前，重庆水投已实现从水库“水源头”到用户“水龙头”全过程管理，年供原水能力16亿 m^3，原水水价在0.6~0.8元/m^3范围内，年产值约10亿元，是重庆水投的主要经营收入。

(二)水资源综合利用

重庆水投立足水利资源优势,积极探索水资源综合开发利用。除主营供水业务外,重庆水投兼顾发电灌溉、生态渔业养殖、水产品市场拓展销售等产业,主要业务包括水库闲置土地开发出让、水生态旅游康养、水库生态鱼开发等。一是大力发展生态渔业,坚持"生态发展,引领高端"的战略定位,按照产业集群的发展思路,打造"渝湖"水库生态鱼品牌。二是水库管理围绕盘活水面及周边资产,与旅游康养等产业耦合发展。三是大力推进水资源开发利用的技术研发创新,抢占城市分质供水等水资源高端水产品市场。

(三)库区管理与渔业养殖

重庆水投以维护库区治理稳步向好为出发点,积极采取多种管理模式,库区管理效能不断提升。针对水源水库,禁止水源水库子公司对外承包养鱼(倡导建立内部员工责任承包机制,实施内部考核);针对非水源水库,采取多样的合作经营模式,一种是由非水源水库管理单位(子公司)与地方乡镇、村集体共同成立生态养鱼合作社,签订"三方合作养鱼协议",并负责水库生态养鱼的"产、捕、运、销"一体化管理;另一种是由非水源水库管理单位(子公司)以出租水面参股生态养鱼合作社,年底保障性分红,委托合作社负责水库安全管理和生态养鱼经营管理。通过与各方的友好合作,提升了库区管理效能,降低了库区管理成本,同时有效管控非法侵占水库、非法捕捞等库区"四乱"行为。此外,生态养鱼合作社的成立,既实现水库资源高效管理,也为当地群众提供就业岗位,提高当地居民收入,助力乡村振兴。

四、重庆水投发展渔业养殖产业的先进经验

重庆水投管辖的各大中型的水源水库和非水源水库较多,点多面广,全面做好水库管理工作难度很大。重庆水投按照"市场化、法治化、专业化、标准化"的管理原则,构建"渝湖"产业三级管控智能体系(管资本、管经营、管生产)。通过市场开发、构建链条、创新管

理、奖惩结合等方式，有效调动各方参与库区管护工作的积极性和主动性，通过渔业开发实现库区管理迈向新台阶。渔业市场开发的成熟做法有以下几种。

（一）找准市场战略定位

重庆水投主动承接市政府“水库水环境保护、创新水资源综合利用、高端水产品‘菜篮子’工程”三大功能定位，按照“生态发展、引领高端”的品牌定位，致力于打造优质水产品，将“渝湖”品牌纳入全集团“五大骨干产业”实施，在人、财、物、政策、机制等方面给予重点倾斜，倾力打造一个“区域领军、行业知名、中国驰名”的观光渔业文化产业集群，创建全集团新一轮改革发展的第一个“战略性（试验示范）”基地，不断满足人民对美好生活的向往，以及对“绿色、安全、高端、生态”水产品的需求。

（二）构建生态渔业全产业链

重庆水投着力打造生态渔业全产业链“八大体系”（鱼种培育、成鱼养殖、精准捕捞、定位运输、市场营销、特色加工、渔业监管、科技支撑），全力打造区域全覆盖的“渝湖”品牌骨干产业链，包括长寿范家桥苗种场、迎龙湖大规格鱼种场、非水源地养殖基地、片区中转基地、工业园区加工工厂、片区营销网点，形成具有强大市场竞争力的生态渔业全产业链。

（三）突出特色品牌效应

重庆水投致力于打造绿色生态高端水产品新高地，强化品质提升，荣获全国第一个绿色认证、有机认证、无抗认证“三标合一”质量认证，率先成为全国“淡水鱼无抗认证”品牌，同时加强宣传力度，利用各大新闻媒体媒介实现品牌推广。“渝湖”牌生态鱼主要以发展鳙鱼和鲢鱼为主，成品鱼收购价为 10 元/斤，通过品牌效应后，其对外销售价为19.8元/斤，价格翻番，成效显著。在“渝湖”品牌打造上，还通过推行网红店、品牌店、旗舰店以及各大超市销售等方式，实现线上、线下无缝对接。经过短短 5 年时间品牌打造工程，产量连年倍增，达到 350 万斤/年，成为重庆生态渔业的领军企业以及大水面智慧渔业示范基地。

(四)创新科技兴渔战略

创新防伪技术。重庆水投积极与重庆大学、西南大学开展校企合作,共同研发“水库生态渔大数据溯源技术”,改变以往鱼脊二维码吊牌防伪方式,拟通过“鱼体识别”大数据溯源系统,拍照溯源,消除消费者对“渝湖”牌水产品的顾虑,避免被不法商贩造假利用,以次充好,巩固品牌价值。

建设“智慧渔业”。重庆水投委托清华大学、重庆大学建成了“渝湖”产业大数据智能化管理系统,全力推进“智慧库长机器人项目”。项目完成后,将实现库区水污染及偷盗鱼等违法行为的摄像取证和信息反馈,利用无人机进行警告驱离,落实库区水质全天候在线监测,并利用智慧探鱼、脉冲赶鱼等创新技术,实现渔业均衡捕捞。

申报重大课题。推进4个产学研重大课题研究,获得重庆科学技术局科研经费2 600万元;经国家标准化管理委员会发布了重庆市渔业唯一的地方标准《水库渔业技术规范》,开展知识产权保护,获农业农村部绿色认证A级产品证书2个、工商注册证书12个、版权登记证书4个;申报国家级专利40余项,获得专利证书25项。

(五)积极争取财政资金支持

重庆水投在水生态修复、水产品交易中心建设、大数据智能化管理系统建设、中转基地建设、渔业良种场和渔业科技研发等方面积极寻求财政补贴和科研课题经费支持,先后争取到水利部、农业农村部、生态环境部、科技局、重庆市等各级专项经费支持,为企业发展提供了有力的资金保障。

(六)建立良好的激励机制

重庆水投对两江公司和区县子公司实行统一管理。一是对两江公司实施资本战略管控,辅之以组织、干部、绩效等管控手段,按照奖惩对等的原则,实施高度市场化考核。鼓励金点子、小发明、技术创新、专利成果应用转化等奖励。二是建立区县子公司“渝湖”产业班子成员渔业考核奖机制,全面落实水库渔业资源承包费收取、水质监管、矛盾纠纷协调、辖区“渝湖”品牌总经销推荐与监管等职责。三是全面推广非水源水库“三方合作养鱼模式”,建立养鱼班组目标责任、工作经费、奖惩考核“三包干责任承包”机制,推进水库养鱼与水生态修复。

五、有关建议

当前,公司存在经营模式单一、收入来源不足、管理效率不高、专业技术欠缺等问题。建议优化公司业务管理模式:一是进一步形成职责明晰、管理规范、监管有效的公司治理格局,提升治理体系和治理能力现代化水平;二是加强内控管理和项目管理,聚焦精准投入,将资金和人力资源等要素集中投向生产经营的关键环节和重点领域,建立有效的考核和激励体系,进一步提升内控管理效能;三是充分利用市场资源,对部分非核心业务转包外包,探索劳务派遣等用工方式,提高管理效能,实现降本增效。

(一)关于库区管理

1.加强库区前瞻性布局

百色水库库区水域面积大,岸线长,管理难度大,虽已积极争取得到地方政府的大力支持,但库区土地、水面被侵占现象时有发生,“四乱”问题难以短时间根治。应紧紧围绕管好“盛水的盆”、护好“盆里的水”,充分运用好河湖管理保护机制作用,加强百色水库水资源、水域岸线管理保护和消落区治理工作,加大宣传和监督力度,加快推进百色水库库区管理办法建立,有效管控库周“四乱”问题;持续开展库区水质监测,密切跟踪库区水质动态变化,采取各项措施促使库区主要水质指标稳步向好、水体优于Ⅲ类水质标准;加快推进库区土地确权进程,推进库区办证工作取得实效。为下一步发展更大规模的水库生态养殖产业打下坚实基础。

2.创新水资源综合利用开发方式

着手开展百色水库库区岛屿的划界确权工作,积极申报水情教育基地,筹划水利风景区建设,致力山、水、渔、旅融合发展,为下一步开发渔旅产业做好布局和铺垫。谋划布局百色水库库区生态渔业开发,研究划定库区大水面渔业范围,着力打造生态养殖、休闲垂钓、观光摄影、健康养老等综合利用的生态产业链。依托百色起义红色文化和百色水库库区绿色生态的独特优势,主动对接区域文旅发展布局,加强前期谋划,对库区文旅项目的市场前景、开发模式、经济效益、品牌树立等前期工作进行深入研究,结合国家水情教育基地建设,谋划打造具备山水观光、科普教育、滨水互动、康养休闲等多重特色的百色水利枢纽文化旅游产品。探索研究水面光伏、抽水蓄能、绿电、绿氢等水资源综合利用途径,开发水资源综合利用价值。

(二)关于信息化建设

围绕公司生产实际,按照“需求牵引、应用至上、数字赋能、提升能力”要求,以数字化、网络化、智能化为主线,以数字化场景、智慧化模拟、精准化决策为路径,打造具有预报、预警、预演、预案功能的智慧库区管理体系,初步构建智慧库区1.0版。一是充分利用卫星遥感定位、无人机、视频、传感等监测手段,加强水库基本数据收集、整理与应用,形成对水、物、人全方位的智慧监控,实现工程设备、河湖水质水环境、水雨情、“四乱”行为的实时远程监测,为水库现代化管理提供数据依据。二是充分运用云计算、大数据、人工智能、5G、物联网等信息技术,基于信息建设成果,推进水库管理业务与信息技术深度融合,分阶段、按步骤、有重点地建设水库安全管理信息化系统,打造系统性、协同化、智慧化的枢纽库区水域岸线全覆盖的智能监测感知网和动态感知系统,实现水安全、水资源、水环境、水生态的智能动态预测和决策支持管理,提升水库智能化管理水平。

(三)关于生态渔业开发

随着社会的进步和人们生活水平的提高,合理健康的膳食已然成为人们日常关注的重点。水产品具有低脂肪、低胆固醇、高蛋白、味道鲜美等特点,加上广泛的知识普及,使得广大消费者对水产品营养价值认识更加深入,水产品,特别是高端水产品也越来越受到人们的青睐，市场需求日益渐增。可借鉴重庆水投在发展壮大“渝湖”牌水库生态渔业中的先进做法和丰富经验，逐步实现右江水利公司水库资源优势的经济价值。

2019年初，农业农村部等 10 部委联合印发《关于加快推进水产养殖业绿色发展的若干意见》（简称《意见》），是新中国成立以来第一个经国务院同意、专门针对水产养殖业的指导性文件，《意见》要求进一步优化水产养殖业绿色发展的空间布局、产业结构和生产方式，推动中国早日由水产养殖业大国向水产养殖业强国转变，为百姓提供优质、安全、绿色、生态的水产品；2020年初，农业农村部、生态环境部、林业局联合发布《关于推进大水面生态渔业发展的指导意见》，要求到2025年，大水面生态保护与渔业发展实现充分融合，渔业在水域生态修复中的作用明显提升，大水面生态渔业管理协调机制更加完善，优质水产品比重显著提高，产业链有效拓展延伸，形成一批管理制度完善、经营机制高效、利益联结紧密的生态渔业典型模式，基本实现环境优美、产品优质、产业融合、生产生态生活相得益彰的大水面生态渔业发展格局。

2020年 4 月，广西农业农村厅、生态环境厅、水利厅、林业局联合印发《关于推进广西大水面生态渔业发展的实施意见》提出，支持基础条件好、代表性强的大水面水域开展大水面生态渔业示范基地建设，研究开发具有现代化特点、标准化要求、区域化特色、可复制推广的大水面生态渔业新模式，以点带面，推动大水面生态渔业绿色高质量发展。到2025年，在全区建成 30 个大水面生态渔业示范基地，建立一套适合当地的技术规范，建立一批可复制推广的生产经营模式，培育打造一批广西品牌，大水面生态渔业在全区水产生态养殖中的比重明显增加，大水面水生生物资源养护和水域生态环境保护成效明显提升。到2035年，全区有条件的大水面水域生态渔业得到全面实施，大水面生态渔业对全区渔业生产的贡献作用和对水域生态环境的保护作用得到全面体现。

1.积极探索生态渔业发展道路

百色水库库区水面资源丰富,水域面积 136 km^2,水质状况良好,生态环境优美,长期处于未开发利用的状态。要坚决贯彻“绿水青山就是金山银山”的发展理念,发挥优质水资源应有价值,满足人民日益增长的美好生活需要。按照“结构优渔、产业强渔、科技兴渔、增保续渔、依法治渔”的思路,探索一条产出高效、产品安全、资源节约、环境美好的生态渔业发展道路,加快推动大水面生态渔业产业布局,加速转型升级步伐,有利于推进右江水利公司高质量发展。

2.加快推进那比水库生态渔业项目先行先试

从目前公司及各子公司实际情况看,那比水库总库容5 790万 m^3,水面面积约3 500亩,利用那比水库开展生态养鱼条件较好、风险较低。清源电力公司已先行委托自治区水产研究院开展那比水库生态渔业资源及产能调查工作,报告评估那比水库开展生态养殖年产鱼约480 t,养殖条件较好。建议清源电力公司加快推进那比水库生态养鱼项目的前期工作,掌握资源开发的主动权,以乡村振兴为依托,实施政企村合作养殖模式,加快推进那比水库生态渔业项目落地落实,为下一步开展百色水库大水面养殖试验示范和积累经验。同时,开展百色水库导流洞渔业资源调查研究,充分利用好现有资源,探索名贵鱼类养殖项目的可行性。

3.寻找政策性资金支持

加强政策研究,充分挖掘公司内部资源,发挥公司各方面专业优势,努力拓展与政策环境相匹配的发展路径,积极谋求关于水库生态养殖产业的相关政策性资金支持,如国土绿化提升工程资金等,可缓解产业发展压力。通过优化资金支持,为各项任务落地提供经费保障。积极探索利用社会融资等方式筹措资金,加强与银行的合作,拓宽融资渠道。

肖卫国　李　冲　陈启壮　杨　珺　秦志辉

2 关于南宁抽水蓄能电站开发建设的调研报告

为推进公司抽水蓄能产业发展，学习借鉴在建抽水蓄能的开发建设和前期工作经验，2022年 11 月 29 日，公司党委副书记、总经理袁文传带队赴南宁抽水蓄能电站进行项目调研，党委委员、副总经理王伟参加。调研组参观了南宁抽蓄下水库、通风洞、交通洞现场，并与电站建设单位进行了深入座谈交流。现将调研情况报告如下。

一、南宁抽蓄项目概况

（一）建设单位

南宁蓄能发电有限公司是南宁抽水蓄能电站的建设单位，是南方电网调峰调频发电有限公司（简称调峰调频公司）投资设立的全资子公司，注册资金为 16 亿元，主要负责南宁抽水蓄能电站的项目建设。

南方电网调峰调频发电有限公司成立于2006年 7 月，是中国南方电网有限责任公司的全资子公司，主要负责统一建设、运营和管理南方电网的调峰调频电厂，投产抽水蓄能电站 7 座，总装机容量1 028万 kW，其中广东省 6 座（广州、惠州、清远、深圳、梅州、阳江）、海南省 1 座（海南琼中）。已核准在建项目有广西的南宁和广东的肇庆浪江、梅蓄二期，总装机容量 360 万 kW。正在推进前期工作的抽水蓄能电站 14 座，总装机容量1 620万 kW，除惠州中洞项目外，其他项目都在预可研阶段，其中纳入2021年 8 月国家能源局印发的《抽水蓄能中长期发展规划（2021—2035年）》的“十四五”重点实施项目 8 座，分别为广东的惠州中洞、茂名电白，以及广西的桂林灌阳、贵港、玉林福绵、防城港上思、南宁武鸣、钦州灵山,其余项目为规划储备项目。

（二）代建单位

南宁抽水蓄能电站建设采用代建模式进行建设管理,由南宁蓄能发电有限公司委托南方电网调峰调频发电有限公司工程建设管理分公司(简称建管公司)开展工程代建服务。建管公司成立于2018年5月18日,主要负责调峰调频公司的电源工程以及直接投资小型基建项目的代建工作。

（三）工程概况

南宁抽水蓄能电站位于广西壮族自治区南宁市武鸣区太平镇,距南宁市直线距离约40 km,装机容量120万kW,装机满发利用小时为5 h,额定水头460 m,距高比7.0,工程静态投资65.7亿元,动态投资79.3亿元。主体工程已于2022年7月15日开工,计划2025年全部建成投产。

电站上水库位于武鸣区太平镇白凿山顶部区段(见图1、图2),库周北、东、西三面山体雄厚,地形封闭,成库条件好,总库容636.8万m^3,有效库容597.5万m^3。正常蓄水位776.0 m,大坝采用混凝土面板堆石坝,最大坝高92.5 m,坝顶长499.5 m。

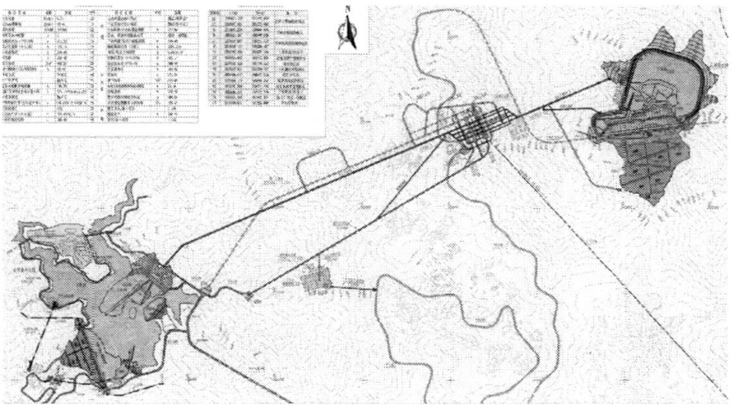

图1　工程总平面图

图 2　电站建成效果

电站下水库位于上水库西南侧约 3 km 的武鸣区太平镇均致村的坛均冲沟，为一山间谷地，河谷狭窄，呈“V”形，盆内冲沟较多，切割较深，呈树枝状，主要发育三条冲沟，溪流发育，总库容 700 万 m^3，有效库容 643 万 m^3，正常蓄水位305.00 m，大坝采用沥青心墙混凝土坝，最大坝高74.5 m，坝顶长380.7 m。

电站地下厂房尺寸 183 m×26 m×54 m，通风兼安全洞长1 392 m，进厂交通洞长1 639 m，尾水洞长1 531 m。电站装机容量1 200 MW，装机满发利用小时为 5 h，设计年发电量为9.70亿 kW · h，年抽水电量为12.93亿 kW · h，由一回 500 kV 出线接入广西电网邕州变，距离 45 km。

二、南宁抽蓄前期工作开展情况

（一）纳规历程

2016年 1 月，国家能源局组织召开抽水蓄能规划工作座谈会（国能综新能〔2016〕30 号），会议提出启动部分省份选点规划和规划调整工作的要求。4 月，国家能源局以国能综新能〔2016〕252 号批复同意开展广西抽水蓄能电站选点规划工作。

2017年 7 月，水电水利规划设计总院受国家能源局委托，联合自治区发展和改革委员会、能源局，南方电网公司对广西南宁抽水蓄能电站选点规划报告进行技术审查。

2018年1月，水电水利规划设计总院将广西南宁抽水蓄能电站选点规划成果上报国家能源局。8月，国家能源局以国能函新能〔2018〕98号批复同意广西南宁抽水蓄能电站选点规划报告，明确南宁站点为广西电网2025年新建南宁抽水蓄能电站推荐站点。

2019年3月，调峰调频公司与南宁市人民政府签订项目开发合作协议书。2019年5月至2021年7月，相继完成预可研、可研审查，取得项目核准所需移民安置规划、用地预审及社会稳定风险评估等支持性文件。

2021年3月，《中华人民共和国国民经济和社会发展第十四个五年规划和2035年远景目标纲要》正式发布，专栏6“现代能源体系建设工程”中明确提出建设南宁抽水蓄能电站。

2022年1月，国家发展和改革委员会、国家能源局联合印发《“十四五”现代能源体系规划》，将南宁抽水蓄能电站列为灵活调节电源，要求在“十四五”时期开工建设。

（二）建管机构组建

2019年10月，调峰调频公司成立南宁抽水蓄能电站项目筹备处，建立组织架构，明确工作职责，以高效推进项目前期工作。

2020年11月，成立南宁抽水蓄能电站业主项目部，建立组织架构，明确责任分工，确定专业管理职责，以快速推进南宁抽水蓄能电站工程建设。

2021年12月，南宁蓄能发电有限公司在武鸣区市场监督管理局注册成功，注册资金为16亿元，注册地址为南宁市武鸣区太平镇上江街15号，作为南宁抽水蓄能电站的建设单位。

（三）项目核准备案

2021年11月，广西壮族自治区发展和改革委员会以《关于南宁抽水蓄能电站项目核准的批复》（桂发改新能〔2021〕1013号）对项目进行核准，项目代码为 2019-450122-44-02-007773。

2022年 6 月，南宁抽水蓄能电站完成电力工程质量监督备案，备案编号为“可再生质监〔2022〕799 号”，并于 8 月完成首次质量监督工作。

2022年 8 月，南宁抽水蓄能电站主体工程开工后，在国家能源局南方监管局完成了备案工作，备案编号为“南方工备〔2022〕第03725号”。南宁抽水蓄能电站项目前期工作时间表见表 1。

表 1　南宁抽水蓄能电站项目前期工作时间表

序号	重要节点	实际完成时间（年-月）	原计划时间（年-月）	说明
1	项目启动	2019-05	—	签订勘察设计总包合同(2.98亿元)
2	预可研	2019-08	—	
3	可研三大专题审定	2020-04	—	
4	封库令下达	2020-07	—	自治区人民政府
5	可研报告审定	2021-04	2021-06	
6	通风洞、交通洞开工	2021-08	2021-09	
7	移民安置规划大纲、规划报告批复	2021-08	2021-06	自治区人民政府
8	土地预审	2021-10	2021-12	中华人民共和国自然资源部
9	项目核准批复	2021-11	2021-06	自治区发展和改革委员会
10	使用林地批复	2022-05	2022-04	中华人民共和国林草局批复
11	土地报批		2022-10	中华人民共和国自然资源部
12	移民搬迁完成		2022-12	
13	主厂房启动开挖	2022-07	2022-08	

三、前期工作梳理和抽蓄电价机制

(一)项目前期阶段需开展的主要工作

抽水蓄能开发建设分为前期工作阶段、筹建准备阶段、主体工程施工阶段和完工收尾阶段,主要流程如图3所示。

(1)抽水蓄能项目完成纳规,经上级主管单位决策批准,并与地方政府签署项目开发协议,明确抽水蓄能项目的开发建设主体后,即进入前期工作阶段。

(2)前期工作阶段是从预可研启动至项目核准批复为止,主要包括预可研审批、三大专题确定、可研报告审批、移民安置规划审批、用地预审、投资决策、项目核准等工作。其中,三大专题确定是指枢纽布置确定专题、水位选择专题和施工布置确定。三大专题确定是前期工作阶段和其他专题研究、审查的重要基础,均需编制相应的专题报告并经审查通过。

(3)前期工作阶段还需完成环评、水保、压覆矿等专题报告的编制和审批工作。

(4)根据水电工程勘察设计收费标准和市场初步调研,中小型抽水蓄能电站(300 WM)前期工作费用约1.6亿元。其中,预可研阶段费用约1 700万元,可研阶段费用约5 500万元,招标设计费用约1 700万元,施工图设计费用约5 300万元,各专题报告编制费用约1 800万元。

(二)现阶段抽水蓄能电价机制

2021年4月,国家发展和改革委员会印发《关于进一步完善抽水蓄能价格形成机制的意见》(发改价格〔2021〕633号)和《抽水蓄能容量电价核定办法》,抽水蓄能电价基本确立"电量电价+容量电价+辅助服务补偿"的基本构成。

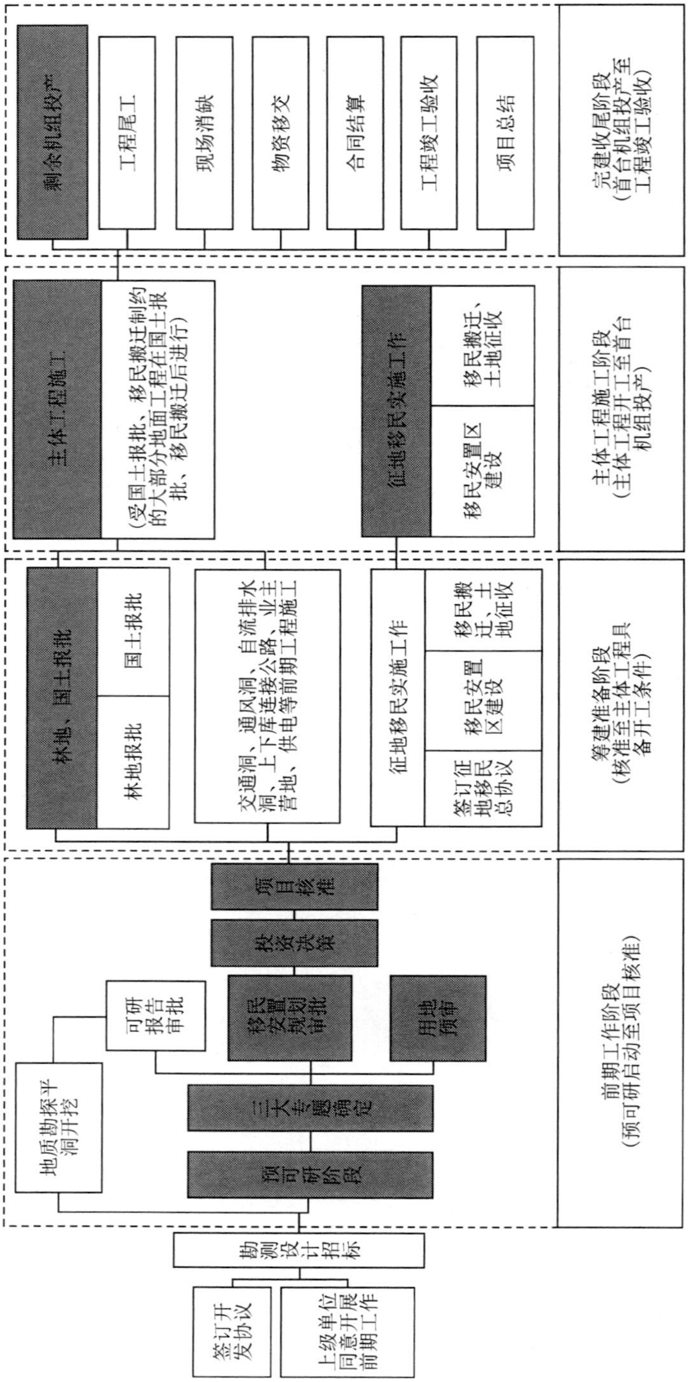

图3 抽水蓄能电站开发建设流程

1.电量电价

在电力现货市场尚未开展的地区，抽水蓄能电站抽水电量可由电网企业提供，抽水电价按燃煤发电基准价的75%执行，上网电价按燃煤发电基准价执行。以抽发比4∶3估算，电量电价仅用于弥补抽发损失。

在电力现货市场运行的地方，抽水蓄能电站抽水电价、上网电价按现货市场价格及规则结算。抽水蓄能电站抽水电量不执行输配电价，不承担政府性基金及附加。若抽蓄项目在技术性能、运行调度、市场竞争方面具备优势，可通过电力现货市场获得额外电量电价的额外收益，但也需自行承担市场化损失。

2.容量电价

抽水蓄能电站通过容量电价回收抽发运行成本外的运行维护费用、还本付息、支付税金等其他成本，并获得合理收益。

基于弥补成本、合理收益的原则，容量电价由价格主管部门按照资本金内部收益率的6.5%对电站经营期内年度净现金流进行折现，以实现整个经营期现金流收支平衡为目标，对标行业先进水平，合理确定核价参数，按照经营期定价法核定抽水蓄能容量电价，并随省级电网输配电价监管周期同步调整。

3.辅助服务补偿

鼓励抽水蓄能电站参与辅助服务市场或辅助服务补偿机制，上一监管周期内形成的相应收益，以及执行抽水电价、上网电价形成的收益，20%由抽水蓄能电站分享，80%在下一监管周期核定电站容量电价时相应扣减，形成的亏损由抽水蓄能电站承担。

四、右江抽蓄开发建设应注意的问题

（一）电价机制还未明朗

影响抽水蓄能产业发展的主要因素是发电收益能否获得保障，

对于单位投资偏大的右江抽蓄等中小型抽水蓄能电站尤其关键。国家发展和改革委员会《关于进一步完善抽水蓄能价格形成机制的意见》(简称《意见》)(发改价格〔2021〕633 号),提出坚持并优化抽水蓄能两部制电价政策,对电价形成机制、疏导机制等各方关切的问题都进行了规定,出台了《抽水蓄能容量电价核定办法》(简称《办法》)。新电价机制的出台对容量电价释放了稳定预期,抽水蓄能电站项目开发建设集中式爆发。目前,南方区域现货市场仍处于起步阶段,抽水蓄能也尚未纳入现货市场,还未有新投产抽水蓄能电站按照《办法》核定容量价格并启动市场化运行,即使《意见》对容量电价释放了稳定预期,但提出的价格机制还未广泛实践,机制的落地实施还需要相关配套细则予以支持,抽水蓄能电站的收益情况仍然未知,电价和收益水平仍是影响抽水蓄能电站开发投资和效益获取的最重要因素。

(二)加强运行协调和市场化能力

抽水蓄能电站的电力消纳至关重要,目前的电价机制要求抽水蓄能电站在现货市场中通过峰谷差价和辅助服务获得收益,收益的 80%在下一监管周期核定容量电价时扣减,收益的 20%由抽水蓄能电站分享,其目的是在降低全社会用电成本的同时,允许抽水蓄能电站在电力市场中获取收益,进一步调动抽水蓄能电站参与电力市场的积极性。若电力调度过程中能发挥抽水蓄能电站的调节功能,并且通过市场化手段提高峰谷价差收益水平,将有利于提高电站的运行效益,并实现电站与用户的双赢局面,这也是在建在运抽水蓄能电站绝大部分由电网企业控股或参与的重要原因。若抽水蓄能电站在运营期无法通过有效手段提高市场化能力并争取到良好的运行环境,运行小时数偏低,项目效益则无法有效提升。此外,容量电价由政府价格主管部门核定,实际工作过程中需要加强与发改、能源、电网等部门的沟通联系,在每个监管周期容量电价核定时深入开展协调工作。

（三）提高技术先进性和运行管理水平

目前的电价机制以行业先进水平合理确定抽水蓄能电站的容量电价，运行维护费率为在运电站从低到高排名前50%的平均水平，主要目的是在抽水蓄能电站建设运行过程中引入竞争因素，促使建设运行水平不断提高，控制好建设运行成本。因此，在预可研审批、可研报告审批、三大专题确定等阶段做好分析论证、加强技术先进性把关、加强施工期质量安全控制、提高运行期的管理效能，将有助于降低抽水蓄能电站整体运行维护费率，降低项目整体运行成本，有利于提升项目整体效益，缩短还本付息周期，增加抽水蓄能电站的综合竞争力。

五、下一步工作计划

（1）加快推进右江抽蓄纳规工作，加强与发改、能源主管部门和设计咨询单位的沟通联系，争取将右江抽蓄项目尽早列入政府相关规划。

（2）组织开展项目预可研，分析论证项目建设的必要性、建设条件、外部因素、经济分析等主要因素，对影响项目是否成立的重大问题、工程的整体规模、重要的影响条件等深入研究并提出明确意见。

（3）组织开展投资风险评估，在全面系统分析投资目标和右江抽蓄项目可行性的基础上，识别项目可能存在的风险，评估投资风险概率和对公司的不利影响，确定风险承受范围、提出风险削减对策，制定风险防控措施。

袁文传　王　伟　黄承泉　李　冲　覃　就

3 关于赴大藤峡公司调研巡察整改工作的报告

巡察的关键在整改。为进一步推动巡察整改全面落实，扎实做好巡察“后半篇文章”，2022年 10 月 27 日至 29 日，公司副总经理马建新、纪委书记汤进为赴大藤峡公司开展调研，围绕做好巡察整改和成果运用，与大藤峡公司深入讨论交流，分享经验成果，共解工作难题，互促整改质效。纪检监察审计部张议予参加调研。

一、措施和成效——坚持问题导向，紧盯责任落实，落实落细整改措施

（1）在组织领导方面，大藤峡公司成立巡察整改工作领导小组，全面负责巡察整改工作。党组书记担任组长，总经理和纪检组长担任副组长，公司其他班子成员担任组员。领导小组下设办公室（简称大藤峡整改办），设在党群工作部，主任由党群工作部主任担任，负责巡察整改日常统筹协调、跟踪督促、汇总分析等工作。

（2）在责任落实方面，大藤峡公司党组书记落实第一责任人责任，纪检组落实监督责任，党组其他成员落实“一岗双责”，促进主体责任和监督责任同向发力、同频共振。同时，各级党员领导干部立足职能职责，主动认领问题，认真对照反思，研究解决措施，切实做到任务层层分解，责任层层落实。

（3）在措施制定方面，大藤峡整改办牵头制订整改工作方案，针对巡察反馈的 34 个问题，先将问题清单“粗分”到各部门，根据各部

门认领及反馈情况再“细分”，深度挖掘以前应该解决但没能及时解决，或者是想解决但没有下定决心解决的问题，最终研究制定出139条整改措施。

（4）在推动落实方面，紧盯党的建设、全面从严治党、组织路线、法人治理、工程建设运行等方面，建立问题清单、任务清单和责任清单，明确整改内容、整改目标、责任主体和整改时限，并实行整改销号管理，推动整改措施落地见效。

（5）在督导检查方面，大藤峡公司实行领导小组例会制度，定期或不定期召开专题会议，分析整改进展，解决重点难点问题。大藤峡整改办联合纪检部门对整改进度、整改成效进行不定期督导检查，及时督促各责任部门保质保量完成整改任务，对整改进展缓慢或敷衍塞责、成效不明显的严肃追责问责。

（6）在长效机制方面，注重举一反三，把表面问题和制度问题、特殊问题和共性问题结合起来，以巡察整改为契机，推动巡察整改和成果运用融入党的建设、融入全面从严治党、融入工程建设运行、融入公司高质量发展。

二、堵点和原因——巡察整改工作还需持续发力

在交流座谈中发现，在落实、推动整改工作上，公司与大藤峡公司存在着一些普遍性的问题和不足。一是在思想认识方面，少数干部还存在“过关”心态。一些问题在集中整改初期推进较为有力，在后期持续整改阶段可能会产生消极懈怠和松劲思想，导致“先快后慢”，尤其是长期坚持、整改期限较长或克难攻坚的问题。二是在责任落实方面，某种意义上还存在“上热下温”的情况。公司党委把巡察整改工作摆在重要位置，自觉对表对标，迅速部署，全面铺开，连续三天召开专题会议讨论研究问题清单和整改措施，切实压实巡察

整改主体责任。但个别部门不知道如何深化整改，在认领问题、制定整改措施、举一反三等方面的积极主动性还有所欠缺，就事论事，措施往往存在“头痛医头脚痛医脚”等现象。三是在制定措施方面，还存在一定程度的形式主义。个别部门制定的整改措施不具体，以“研究”“确保”“推动”等作为整改措施，“口号”较多，针对巡察反馈问题开展的具体行动较少。

存在上述问题和不足的主要原因在于：

一是思想认识有偏差。极个别干部对政治巡察的内涵领会不深，认为巡察就是“挑毛病”，对开展巡察的最终目的是推动、促进发展认识不足，从而对巡察整改工作重视不够，抱着“交差”思想，导致有些部门上报的整改措施有的方面流于形式、浮于表面。二是斗争精神不足。虽然2017年水利部党组对公司党委开展过巡视，但是在对一些新问题的整改上，更多的还是“摸着石头过河”，导致有的问题推进不够有力。三是制度机制还不完善。考核机制不健全，考核细则不完善，对巡察整改落实情况的评价、考核还未能完全落到实处。

三、启发和思路——全面压实责任，强化监督，务求整改实效

（一）进一步压实整改责任

一是公司党委切实扛起整改工作主体责任，定期或不定期召开专题会议，听取整改进展情况汇报，及时解决整改过程中存在的问题，党委书记要做到重要工作亲自部署、重大问题亲自过问，班子成员落实“一岗双责”，加强对分管部门、联系子公司整改工作的督导检查。二是层层传导压力，引导广大党员领导干部进一步提高政治

站位，统一思想，督促各部门、各子公司逐条逐项落实整改任务。三是及时召开巡察整改专题民主生活会，全面查摆问题，深刻剖析问题根源，推动巡察整改措施切实落地落实。

（二）进一步强化督导指导

一是公司巡察整改办要跟踪整改进度，严格把握时间节点，实行问题销号，实时对账跟进，确保整改有期限、问题不累积。二是开展专项整治，对巡察中发现的普遍性、倾向性问题，精准发力，通过专项整治助推整改，将巡察反馈问题彻底整改到位。三是完善绩效和党风廉政建设责任制考核机制，把巡察整改情况纳入各部门各子公司年度绩效考核和党风廉政建设考核，各部门各子公司主要负责人把巡察整改情况列入述职述廉报告，进一步完善相应考核细则，对整改进度、整改效果进行可量化评估，以考核成绩倒推整改实效。

（三）进一步加强监督检查

一是纪检部门要落实监督责任，根据整改时限，会同公司巡察整改办，采取发送工作提醒、现场查阅资料等督察督办方式，定期开展监督检查，确保整改不同阶段取得实效。二是强化追责问责，用好“第一种形态”，发现对整改工作敷衍应付、整改进度滞后的要积极开展提醒谈话，抓早抓小，对该问责的要严肃问责。

公司与大藤峡公司交流了巡察整改方面的具体做法。通过本次调研，大家一致表示应加强沟通交流，相互学习、相互借鉴，取长补短、共同提高，进一步强化巡察成果运用，共同推动巡察整改走深走实。

马建新　汤进为　张议予

4 右江水利公司职工综合素质测试调研情况分析报告

为进一步了解公司职工所学所思所想及工作上的意见建议,更好地倾听基层心声,激发工作热情,2022年,纪检监察审计部牵头开展了职工综合素质测试调研工作,各部门、各子公司参加调研。现将测试调研有关情况分析如下。

一、测试基本情况分析

本次共发放测试调研问卷 66 份,测试调研对象包括公司副科级及以上干部、青年职工、基层一线职工等。

(1)从测试过程看,参加测试的党员领导干部及普通职工积极参与、态度端正,能认真思考、积极查阅资料、独立答题,并能按要求按时提交测试问卷。

(2)从测试结果看,参加测试的党员干部职工能较好地掌握"两个确立""两个维护""四个意识""四个一以贯之""节水优先、空间均衡、系统治理、两手发力"治水思路及"三重一大""三管三必须""四预四情"等应知应会的基本知识,有一定的法律意识,了解公司2022年的七项重点工作,熟悉各自部门的工作职责,对自身知识结构和业务能力有较为清楚的认识和定位,能实事求是地反映自己的真实想法,充分认可了公司在党的建设、公司治理、经营发展、安全管理、体制建设、人才培养、文化建设等方面取得的成效,同时也提出不少中肯的意见建议,包括完善员工激励、员工培训、职业健康、库区运行管理、标准化管理、技术管理、信息化建设、防汛工作考核等方面的制度；建设双重预防机制，加强安全监督和考核；加快信息化基础工作建设；有序推进设备更新改造；加强与政府职能部门协作，确保库区管理取得实效；拓展经营范围，多元化发展助企纾困；提升国有资本运营效率，防范系统性经营风险；提升调度科学化、精细化水平；加强涉水行为的有效监管，着力解决库区“四乱”问题；建立公司各部门之间的横向沟通、上下级之间的纵向沟通机制，提高沟通效能；加大公司宣传人才培养，增强企业文化全员参与意识；加大人才培养和引进力度；加快年轻干部的培养，建立“能干者能上、有为者有位、优秀者优先”的成才通道等。

总体来看，本次测试反映出党员干部职工普遍有较高的思想觉悟和积极向上的工作态度，重视理论学习，有正确的价值观和主人翁责任感，自觉落实公司的工作安排和决策部署，关心公司发展，对公司的高质量发展和领导班子充满信心。

二、测试发现的问题分析

（1）部分党员干部对《中华人民共和国民法典》《中华人民共和国公职人员政务处分法》有一定的了解，具备一定的法律意识，但对法律知识钻研不够深入，实际运用不够熟练。在“结合业务工作和自身发展实践，从《中华人民共和国民法典》《中华人民共和国公职人员政务处分法》中分别写出一项运用经历”题目中，参加测试的党员干部职工绝大多数能了解《中华人民共和国民法典》《中华人民共和国公职人员政务处分法》的一些条款，但是部分党员干部举不出实例，有的用“民法典是推进依法治国的法律”“政务处分法是全面从严治党的重要抓手”或“加强学习，绷紧法律红线”“遵纪守法就是对法律很好的运用”等原则性、口号性的描述代替实际运用经历；有的虽然能举出民法典的运用实例，但多数局限在合同管理、合同执行等方面，工作实践中系统性运用较少；个别干部职工对公职人员政务处分法运用经历举例不准确，如有的把对治安值班人员不遵守工作纪律的处分作为政务处分法运用实例，有的列举的运用实例发生在政务处分法正式实施（2020年7月1日）之前；极个别干部认为公职人员政务处分法与自己关系不大，以“无运用经历”作答或者未作答。

（2）个别干部职工对公司章程不了解或了解不深。在“结合业务工作和自身发展实践，从右江水利公司章程中写出一项运用经历”题目中，有的以“无运用经历”作答，有的未作答。

（3）少数干部职工工作压力较小，比较安于现状，对个人发展思考、规划不足，存在“躺平”倾向。在“结合自身知识结构和工作经验，请写出你还能胜任公司其他1~3个岗位的理由”题目中，极个别干部职工有的答“只适合本岗位工作”“尚未谋划其他岗位工作”，有的答“听从公司调配”“服从公司安排”，有的则未作答。在“自己还可以从哪些方面去努力”题目中，极个别职工以“在党建、经营、财务、人力资源管理等方面有较大努力空间”“提高履职能力”“加强业务水平”“虚心向同事们学习”等一笔带过。

（4）少数干部职工对公司制度建设理解不够到位。在“从右江水利公司管理制度中写出一项运用经历”题目中，极个别干部职工以“工作中每一项事务都运用着公司管理制度”作答，还有极个别职工未作答。在“认为履行好本部门职责还缺哪些制度”题目中，有的建议与公司职能职责不相匹配，如建议公司出台“对侵占库区土地进行经济开发的占补方案和制度”；有的建议出台“设备运行台账制度”“部门内部专业定岗制度”“部门内部制度修订管理办法”等，与制度整合、制度系统化科学化建设要求不一致；个别职工则认为本部门制度已经比较完善，无须再制定别的制度；极个别干部职工未作答。

（5）少数干部职工，尤其是行政岗位的干部职工对数字孪生百色水利枢纽工程建设关注度不高,了解不多。在“数字孪生百色水利枢纽工程建设中本部门具体工作是什么”题目中,个别干部职工把“配合开展数字孪生工程建设”“保障百色水利枢纽安全稳定运行”“提高工作信息化水平”等作为答案,有的未作答,还有极个别认为数字孪生建设与本部门没有具体联系。

(6)少数干部职工对公司发展、部门工作开展等方面思考不够。在“对公司发展提出思考和建议”和“对部门本职工作提出工作思路和建议”题目中,个别干部职工建议“以问题为导向补短板”“提高员工综合素质”“提高工作效率”“增强执行力”,泛泛而谈,缺少具体方法和举措;极个别干部职工只指出了目前公司和部门存在的短板和不足,未提出意见建议;另有极个别职工未指出不足,或者认为“公司和本部门在公司领导的带领下,各方面都很优秀,没有不足”,也未提出意见建议。

三、意见建议与思考

(一)坚持党的全面领导,将“听党话、跟党走”落到实处

党的领导是国有企业的“根”和“魂”,是在公司改革发展进程中把方向、管大局、促发展的核心,国有企业要始终坚持党的领导根本原则。要以学习宣传贯彻党的二十大精神为重要抓手,坚定理想信念,确保在思想、政治、行动上同党中央保持高度一致,完整、准确、全面贯彻落实新发展理念,主动担当作为,推动公司高质量发展。教育党员干部职工坚决贯彻执行党中央、水利部党组、珠江委党组和公司党委决策,围绕上级部署开展工作,做到在思想上坚决看齐,在行动上坚决一致,在工作上坚决落实,齐心协力推动公司重点工作、重点任务落实落地;引导党员干部职工进一步转变思想观念,消除消极、“躺平”思想,增强“不进则退”“慢进也是退”的危机感,切实增强主人翁精神和忧患意识、责任意识,激发爱岗敬业

热情和干事创业的主动性、积极性和创造性,不断提升干部队伍的精气神。

(二)提升运管能力,推进公司治理体系和治理能力的现代化

1.推动转变思想意识

全体职工的思想意识从建设管理转化到运行管理,是推动公司高质量发展的基础力量。要从制度建设、管理能力建设等方面入手,教育引导广大党员干部职工主动转变思想意识,促进公司安全、稳定、创新、发展。

一是要做好制度修订完善、宣贯和执行,加深公司党员干部职工对公司各项管理制度的认识和理解,教育引导进一步增强学习制度、遵守制度和执行制度的自觉性,使制度尽快落实到日常工作中,确保制度有效实施,提高制度执行力,提升制度管人管事管权管钱效能,从而不断提升公司经营管理水平,为完成各项工作任务提供坚强的制度保障。

二是要加强作风建设,加强调查研究,落实好领导干部联系基层制度,力戒形式主义、官僚主义,党员领导干部要多下基层,倾听和掌握干部职工的诉求和心声,多了解职工思想动态和实际情况,以便更好地完善制度、制订方案、推动工作,为群众解难事、办实事,把矛盾化解在萌芽状态。

2.加强干部队伍建设和人才培养

推进公司治理体系和治理能力现代化,干部队伍建设和人才培养是关键。

一是要健全完善员工教育培训制度,根据实际情况制定短、中、长期培训计划,注重对党员干部职工政治理论、理想信念、专业技能、沟通管理、文化知识、价值观、道德观等方面的教育培训,尽快培养出"对党忠诚,勇于创新,治企有方,兴企有为,清正廉洁"的国有企业领导干部。

二是要特别重视对技术人员的专业培训，尽可能多地培养技术精湛、技能高超的技术人才，并适时对新理论、新技术、新理念、新信息、新知识、新方法、新标准等开展“普及式”“扫盲式”培训，拓宽知识面，不断更新知识储备，提升管理和业务水平，打造懂理论、晓政策、精业务、强技术、高效率的干部职工队伍。

三是要把宪法和法律作为学习的重要内容，同时结合业务需要，加强与本行业、本职工作有关的法律法规、规章制度的学习，切实树立法治思维，增强法律意识，引导党员干部主动学法、带头守法、依法办事，养成用法治理念指导工作、处理解决工作中遇到的各种矛盾和问题的良好习惯。

四是要创新培训方法，如采用现场教学、专家讲座、交流讨论、远程教育、电脑仿真模拟、实景演练等方式，增强学习的吸引力，激发干部职工的学习动力。

五是要畅通干部交流通道，深化干部多岗位锻炼机制，促使干部学习新知识，掌握新技能，既有利于破除教条主义和经验主义，又有助于干部增长阅历、开阔思维、拓宽视野、积累经验、增长才干、提升能力，从而成长为懂市场、会经营、善管理的复合型人才。

3.要有勇于自我革命的勇气和担当

一是要强化廉洁教育、纪律教育，教育引导党员领导干部知敬畏、存戒惧，树牢规矩意识，筑牢思想防线，守住清正廉洁底线红线，自觉接受各方面监督，习惯在受监督和约束的环境中工作生活，持续巩固发展公司风清气正的良好政治生态。二是要深化容错纠错机制，营造宽容失误的干事环境，教育引导党员干部职工敢于直面困难，勇于承认错误、正视缺点、担当作为，让担当有为者放下包袱，增添干事创业的活力。三是要健全完善谈心谈话机制，用好“第一种形态”，一方面及时发现苗头性倾向性问题，防微杜渐，防止“小问题”演化成“大矛盾”；另一方面畅通干部职工表达诉求渠道，增强干部职工的存在感、价值感和获得感。

（三）加强企业文化建设，展现“国企担当”

发扬企业家精神是公司企业文化建设的发展方向。要从凝练企业发展理念、创立企业品牌、强化企业社会责任、健全完善薪酬与奖惩制度、树立模范典型、组织多样化的主题活动、加强宣传教育等方面着手，加强企业文化建设，最大限度地统一公司广大党员干部职工的意志和思想，增强职工归属感，提高凝聚力，规范从业行为，改进工作作风，教育引导党员领导干部自觉做履行政治责任、经济责任、社会责任的模范，为公司高质量发展添砖加瓦、蓄势赋能。

本次测试调研既是一次运管能力测试，又是一次干部队伍思想动态调查，收到了良好的效果。通过测试调研，进一步了解了公司党员干部职工的工作情况，掌握了领导干部和普通职工的思想动态和基本素质，引导广大职工学法用法、掌握规章制度并运用指导工作，不仅建立了领导与职工之间良好的交流平台，也凝聚企业人心、转变思想理念，激发了党员干部职工的学习动力，激励开拓创新、实干争先，对公司各项工作的开展起到了积极的促进作用。

袁文传　汤进为　张议予　何志慧

5 关于库区遥感监测业务工作的调研报告

为进一步提升库区动态感知能力，提高问题发现、取证及对外沟通衔接效率，推进库区管理与保护。2022年8月3日至4日，右江水利公司库区管理中心有关人员赴珠江委就库区遥感监测业务工作开展调研，调研过程中分别听取了水利部珠江水利委员会技术咨询（广州）有限公司（简称咨询公司）、珠江水利科学研究院遥感与地理信息研究所（简称珠科院遥感所）有关情况介绍，并实地查看了已建业务系统的功能展示。现将有关调研情况报告如下。

一、咨询公司调研主要成果

（一）咨询公司基本情况

咨询公司是珠江委下属国有企业，主要从事水利水电工程咨询、工程勘察设计、水利信息技术开发及技术咨询等业务，具有工程咨询甲级、工程设计乙级、工程勘察乙级、水资源论证乙级、水资源调查评价乙级、CMMI三级、涉密信息系统集成（乙级）、ITSS信息技术服务运行维护三级、SPCA3（软件开发成熟度模型）、CS2（信息系统建设与服务能力）及质量、环境、职业健康管理三体系认证等资格，是中国工程咨询协会、中国水利水电勘测设计协会、广东省工程咨询协会、广东软件行业协会的团体会员及广东省高新技术企业。

（二）珠江水利一张图建设情况

全国水利一张图是实现信息资源整合共享，推动信息技术与水利业务深度融合的重要抓手，汇集了包括基础地理、水利业务专题、特殊业务专题等服务数据，具有数据尺度大、数据丰富、来源现势性高等特点。2020年6月，珠江委主任王宝恩在珠江委2020年网络安全和信息化工作会议上强调指出，要将珠江委网信工作的重点落实到支撑强监管业务上，以“实用、好用”为目标，推进“一张图”建设和应用，实现全委所有与空间地理相关的业务工作均基于“一张图”开展，机关处室汇报工作均基于“一张图”进行。

为满足珠江委业务特性及数据精细化管理的需要，咨询公司主要负责在全国水利一张图提供的全国范围 L1 级数据底板基础上，建设具有流域特色的珠江水利一张图。有效解决了全国水利一张图数据无法结合珠江委业务工作需要进行细粒度、个性化的筛选和划分，业务工作涉及的专题数据精细度不够，难以实现本地业务资料的空间信息关联和数据资源的业务化更新等不足，并结合珠江流域水系特点、水利业务特性及特殊管理需求，从数据、服务功能等方面进行扩充、细化，全面支撑各部门(单位)开展各项业务工作，并实现与全国水利一张图的共享互补。

(三)珠江水利一张图应用情况

珠江水利一张图遵循“配置即开发”的理念，按照“专题-图层-兴趣点-服务”的层次结构，实现对海量空间数据的标准化管理。目前，已拓展水利规划、河湖管理、水资源管理、大湾区重点监控用水单位等专题的选择，涉及西江经济带岸线规划、执法巡查、采砂规划、涉河建设、大湾区用水、地表水取水等具体业务，可选择珠江委矢量底图、遥感影像以及天地图、ArcGIS、Mapbox 等互联网地图资源，所采用的均为免费地图服务，但图层分辨率基本上仅能达到 2 m，仅能为遥感监测、现场巡查等功能实现提供基础数据及应用平台。

二、珠科院遥感所调研主要成果

(一)珠科院遥感所基本情况

珠科院作为珠江委直属副局级事业单位，主要从事珠江水利战略研究、基础研究、应用基础研究、水利科技产品研发，为珠江流域水利事业改革发展提供技术支撑和科研保障。珠科院遥感所作为珠科院科研部门之一，主要从事遥感、地理信息系统、全球定位系统技术（“3S”技术）及数据库技术等信息技术同水利学科的无缝链接技术研究。重点方向有：水利“空天地一体化”监管技术、水土流失监控预警与治理工程监测。广泛应用于水环境遥感监测、水政监察、旱情遥感监测、遥感影像及地理信息制图、水利地理信息系统开发等领域。

（二）遥感监测有关应用情况

针对水环境遥感监测，建立了珠江河口水体光谱数据库，对区域典型水体组成固有光学特性进行了研究，研发了基于多源遥感数据的悬浮泥沙、污染物、盐度、叶绿素等实用的水质遥感模型及水质遥感反演软件（WaterQRS），探索了一套水环境遥感调查、监测、评估等技术业务流程，广泛应用近海、河、湖、库等水环境监测领域。

针对河湖监管，以遥感、无人机、地理信息系统技术为基础，开展河湖监管工作，基于多源数据划定河湖管理范围，开展岸线保护利用规划，对管理范围内的水事活动开展监视监测，全面支撑河湖长制、水行政管理等相关河湖保护监管工作。

三、百色水利枢纽库区遥感监测存在的主要问题

结合百色水利枢纽库区管理工作实际，通过对管理现状进行分析梳理，考虑水库 228 m 正常蓄水位时，水库面积达 136 m^2，且库区岸线达1 087.3 km，通过遥感监测手段可极大减少人工巡查工作量，提高库区动态监管能力，并在一定程度上解决库区涉及范围广所带来的巡查盲区问题。但在具体工作开展过程中仍存在以下问题。

（一）全库区影像来源问题

通过调研，目前珠江水利一张图所采用的数据底图是针对流域

整体考虑的，精度相对较为粗略。结合此前开展的库区管理图编制工作，曾围绕2008年和2015年水库达正常蓄水位运行的时期开展影像资源收集，但由于当时卫星影像资源更新有限且全库区云层无遮挡的可能性相对较小，给具体业务工作开展带来很多不便。如今虽然国产卫星数量和成像效果都得到较大提升，但考虑到卫星周期因素，及时获取全库区可利用的影像资源仍存在一定的难度。

（二）库区本底数据不完善

为确保库区遥感监测的精准度，恢复库区数字岸线是明确影像原始参照的前序工作。此前通过对公司掌握的部分图纸及电子数据进行高程矢量数据提取，发现图件的部分参数有缺失的情况。对此，曾设想通过现状地形生成高程数据线作为管理依据，但由于水库历时已久，库岸现状多已发生改变，以此形成的成果难以符合管理要求，从而造成本底数据不够完善。

（三）库区遥感影像精度问题

为有效实现库区遥感监测功能，需尽量采用高精度卫星影像，而目前所采用的公共影像分辨率基本上仅能达到 2 m，在自动对比识别不同时期影像的变化时，容易产生偏差，成果的准确性受到影响，从而增加后续现场核查的工作量。而 1 m 及亚米级影像则需要通过数据购买或定制服务获取。

四、解决路径设想

为有效解决上述存在问题，满足当前库区管理工作有关需求，可采用以下方式予以解决。

（一）拓展百色水利枢纽库区管理专题

为避免另行开发系统带来的高成本和后续维护问题，可以考虑在珠江水利一张图的基础上配置公司管理用户，扩展构建百色水利枢纽库区管理专题，聚焦百色水库及周边区域展示各类空间要素和遥感影像。同时,通过用户管理、角色配置满足库区业务的个性化需求,提供一张便捷实用的工作底图。

(二)汇聚展示库区管理业务信息

利用库区管理现有业务资料,开展数据上图。对涉及库区移民点、管理界桩、安全警示标志、水功能区划、回水断面、水质监测断面、监控设施点位等方面的电子文档、纸质报告、设计图纸等数据,以及视频、无人机等监测数据进行数字化、结构化处理,分析提取空间信息和业务属性信息,并依托珠江水利一张图以及珠江委数据共建共享平台发布数据服务,对接空间数据服务与业务数据服务,实现工作信息从图上来、工作成果到图上去。

(三)开展库区遥感监测

首先开展库区本底数据调查工作,利用早期地籍测绘成果,恢复库区数字岸线,为遥感监测工作提供原始依据。后续通过共享数据及定制服务,定期更新库区范围高分辨率遥感影像,开展水域岸线提取和变化监测,识别发现“四乱”等问题。同时,与库区巡查及安全检查相结合,建立遥感核查任务生成、巡查线路预设、巡查问题上报、巡查日志生成、巡查情况统计等一整套工作流程,从而对违规行为“早发现、早制止”,并实现工作过程与图协同,有利于库区管理业务信息留档,提升管理效能。

王 伟 陈启壮 黄 辽 罗 丹

6　关于赴清源电力公司调研及督导检查的报告

为加强国有资产监督管理，指导推进子公司工程运行管理标准化建设、库区确权划界及资产开发利用，2022年9月6日至7日，公司党委副书记、总经理袁文传，党委委员、副总经理王伟赴广西清源电力股份有限公司（简称清源电力公司）调研，并开展业务督导检查工作，财务资产部、枢纽管理中心、库区管理中心和江河资产公司主要负责人及相关人员参加调研。6日下午，调研组听取了清源电力公司主要负责人就那比库区生态养殖前期工作、库区确权划界、工程运行管理标准化建设以及财务制度自查自纠等方面的情况介绍，并实地考察了那比库区、坝区的管理情况，查阅了相关资料。7日上午，调研小组还与那比乡那比村委就库区生态养殖相关事宜进行了深入交流；与清源电力公司进行了座谈。现将有关调研情况报告如下。

一、清源电力公司概况

（一）公司基本概况

广西清源电力股份有限公司目前主要负责那比水电站的运行和管理。清源电力公司前身为百色瓦村水电发展有限公司，因业务发展需要，2012年2月那比水电站从瓦村公司中分立，独立注册为田林县那比水力发电有限公司，后因股改需要于2018年11月正式更名为广西清源电力股份有限公司。公司注册资金1亿元，由广西右江水利开发有限责任公司（占股60%）、广西百色能源投资发展集团有限公司（原为“百色电力有限责任公司”）（占股30%）、珠江水利水电开发有限公司（占股10%）共同参股组建。公司下设综合部（董事办）、百色那比水力发电厂、财务部、监督部（防汛办）、发展经营部共5个职能部门，人员编制50人（近期按46人控制），现有员工44人（含右江水利公司委派管理人员3人），平均年龄38岁。

（二）工程基本情况

那比水电站位于西洋江与驮娘江汇合口上游16.3 km的西洋江上，是一座以发电为主的水电站工程，距上游洞巴水电站约19.5 km，是西洋江流域十个梯级电站开发的最后一级，库区全域在广西田林县境内。西洋江是郁江的支流中仅次于左江的第二大支流，属珠江水系，其发源于云南省广南县者兔乡海拔1 934 m的九龙山南麓，流域面积5 070 km^2，坝址以上控制集雨面积4 777 km^2，占西洋江流域面积的94.2%，占右江流域面积40 204 km^2的11.9%。

那比水电站总库容5 790万 m^3，调节库容490万m，正常蓄水位355.0 m，工程等别为Ⅲ等，属中型水库；大坝为碾压混凝土重力坝，坝顶总长246.5 m，最大坝高68.5 m。厂房布置在大坝下游180 m的左岸坡脚处，厂房长52.4 m，宽34.0 m，最大高度30.8 m。那比水电站装机容量48 MW（3台机组），多年平均发电量1.785亿kW·h。那比水电站作为百色地方电网骨干水电站，在确保电力供应的基础上，承担了部分调峰任务，为百色经济社会发展提供了源源不竭的清洁电能，为实现国家节能减排目标持续发力。

（三）生产经营情况

那比水电站总投资为4.95亿元，其中向银行贷款4亿元。截至2021年末，银行贷款余额为1.906 2亿元，资产负债率48.96%，年还款本息为3 700万元（本金2 700万元、利息1 000万元）。那比水电站投资效益较好，自投运以来，实现年年盈利，近三年累计分红1 600万元，提升了各股东对电站投资的信心。

2022年来水形势总体较好，截至8月底，年累计发电量1.57亿kW·h，较2021年同期0.83亿kW·h增加了0.74亿kW·h，为历史同期最高。

二、调研内容及核查情况

（一）库区确权划界

1.那比水电站（库区）项目建设用地情况

那比水电站（库区）项目建设用地191.858 5 hm^2（集体土地178.739 6 hm^2、国有土地13.118 9 hm^2），涉及新增建设用地178.675 4 hm^2，其中农用地171.868 1 hm^2（耕地15.088 3 hm^2），建设用地13.183 1 hm^2，未利用地6.807 3 hm^2，不涉及占用基本农田。

2.库区征地情况

那比水电站（库区）项目建设用地涉及耕地约15 hm^2，在2010年办理项目建设用地手续时，由于当年的年度农用地、未利用地转用计划指标紧缺，无法满足项目用地需求，导致该项目至今未能落实用地指标。那比水电站项目属自治区层面统筹推进的重大项目，为加快推进项目建设用地需求，按当时政策参照《广西壮族自治区人民政府办公厅关于印发试行土地“征转分离”实施方案的通知》（桂政办发〔2010〕198 号）的相关规定，先申请办理该项目用地涉及的集体土地征收手续，再适时申报农用地转用审批，即以“征转分离”方式办理，并逐级上报。经自治区国土资源厅函复，百色市不属于“征转分离”试行范围，不符合先办理征收土地手续再申报农用地转用审批的条件。此后，该项工作再无进展，致使库区土地证至今未能办理，权属不清晰。

3.库区管理现状

（1）那比水电站（库区）在那比和高龙两乡交界处，根据本次现场调研发现，库区下游段水面有少部分网箱（6 排约 60 个）和零星废弃网箱未有效清理（见图 1）；在库区中段渭寒沟处，有矿业公司在露天大肆开采（见图 2），水土流失严重；渭寒沟金矿拦渣坝旁边的平地上正搭建临时工棚，日常生活污水可能会直排水库；那比乡府至八封桥段正准备扩修道路，施工时可能会发生土渣被推倒到水库的情况。

图 1

图 2

（2）清源电力公司能够按照《库区巡查管理制度》要求加强库区安全管理，每月开展库区巡查（见图 3），并做好台账记录，对发现侵占水库、破坏水安全和行洪安全等问题能及时向有关部门反馈。2021—2022年配合田林县农业农村局、河长办等有关部门对那比库区“四乱”问题进行了集中清理和整治（见图 4），库区网箱大幅减少，取得了很好的成效。

图 3

图 4

(二)工程运行管理标准化建设

子公司工程运行管理标准化评价工作是右江水利公司及各子公司的年度督办事项。清源电力公司在那比水电站工程运行管理标准化建设上推进及时有力,工作部署落实到位,正按计划有序推进。但在本次调研检查中,发现大坝廊道排水沟有絮状物淤积、厂房内外墙墙皮脱落(见图 5)、上坝公路两旁堆砌土石不平整等一些影响工程整体形象面貌的问题,须在年底评价前整改完善。

图 5

（三）国有资产监督管理

清源电力公司财务制度建设总体较为完善，能认真落实“三重一大”议事规则、公（商）务接待管理办法、廉政风险风控手册等制度要求，督促开展出差人员伙食费和市内交通费收缴管理，维护股东的合法权益，自觉接受内外部审计的监管。在本次调研检查中，发现少部分财务制度更新迟缓，没有结合当前实际及时修订。制度建设，重在制定、贵在执行。

（四）库区生态养殖

那比库区生态养殖系清源电力公司2022年度重点工作。清源电力公司积极成立了工作专班，全力推进库区生态养殖各项工作。前期邀请广西水产科学研究院完成库区水资源和鱼种类调查分析，以库区安全管理、水生态水环境管理和乡村振兴建设为核心，结合考察调研情况，精心组织编制了《那比电站库区生态渔业养殖总体思路与设想》，研究项目投资收益与风险分析。清源电力公司积极与田林县、那比乡两级政府座谈和沟通，该项目也得到了政府部门的大力支持。

为推进那比库区生态养殖项目尽快落地见效，清源电力公司与江河资产公司共同合作开发资源资产，深入地探讨、分析，已形成初步的合作意向。按照双方任务分工，基本掌握了一些制约项目推进的重要因素和解决措施，并逐一化解。

三、对下一步工作提出指导性意见和建议

（一）在库区确权划界方面

（1）那比水库已作为田林县饮用水水源一级保护区，因此加强库区保护与管理尤为重要，也十分迫切。要尽快与田林县河长办商榷开展库区划界事宜，明确保护范围和管理范围，设立永久界桩。研究推进那比水电站生态空间确权登记，形成归属清晰、权责明确、监管有效的资源资产产权制度，防止库区土地和水面被侵占。

（2）加强那比库区日常巡查管理，持续开展库区水质监测，尽快购置无人机并派员参加培训取证，利用现代科技手段收集库区“四乱”和影响工程安全运行的问题素材，及时行文报告地方政府，充分借助政府职能手段与河湖管理保护制度加强库区管理，发挥“两手发力”的作用，以适应河湖管理的新形势和新要求。

（二）在工程运行管理标准化建设方面

为做好右江水利公司对各子公司工程运行管理标准化首次评价工作，原则上同意清源电力公司按照那比水电站工程运行管理标准化自评情况开展自查整改，对一时难以整改的项目可列入下年度工作计划，逐步提升工程治理体系和治理能力现代化水平。11 月底前形成自评报告，按规定时间上报。

（三）在国资监管方面

要进一步完善财务管理制度体系，促进国有资产保值增值，推动国有资本做强、做优、做大，有效防止国有资产流失。一要落实资产管理责任，提高思想认识，把资产的配置和使用管理等作为清源电力公司的重要工作来抓。二要健全财务管理制度，本着实用、保证合法合规的原则，及时修订完善财务相关规定和制度，按现有修制订计划完成，并装订成册。三要强化资产监督管理，要将资产日常管理与外部监管相结合，充分发挥国资监管小组、纪检队伍以及

审计机构的职能，加大监督审查力度，增强国有资产管理的责任意识，确保国有资产安全完整、保值增值。

（四）在资源开发利用方面

清源电力公司要进一步夯实国企领航的基础，找准发展定位，创新发展理念，盘活现有资产，对现有资源资产价值进行评估。充分发挥市场在资源配置中的决定性作用，遵循市场经济的一般规律。结合自身实际与资源禀赋，变资源为资产，走出一条“生态优先、绿色发展”之路，为走向市场化不断增强“造血”能力，注入新动力。

四、聚焦主责主业，科学谋划清源电力公司高质量发展

坚持以习近平新时代中国特色社会主义思想为指导，完整、准确、全面贯彻新发展理念，深入贯彻落实“节水优先、空间均衡、系统治理、两手发力”的治水思路，锚定全面提升水安全保障能力总体目标，扎实推动新阶段水利高质量发展。

（一）坚持绿色低碳发展理念

清源电力公司以“创新发展，创造价值”作为公司高质量发展的目标口号，坚持生态优先，践行绿色发展，让天更蓝、山更绿、水更清、环境更优美、人与自然更和谐。围绕清洁能源、基础设施绿色升级、节能环保、清洁生产、生态环境和绿色服务六大绿色产业，创新绿色产品，赋能节能减排目标的实现。紧跟清洁能源开发利用，探索水面光伏发电和那比抽水蓄能项目开发，实现光储一体化产业。利用库区水域资源，发展大水面生态养殖产业。进一步跟踪国际碳汇市场交易行情，研究可再生能源绿色电力证书及交易机制，实现资产效益最大化。

（二）强化水安全、水环境保障

深入推进流域水生态保护治理，充分发挥河湖长制的制度优势和积极作用，因地制宜、精准施策。推动实施新阶段水利高质量发展六条实施路径，全面提升水旱灾害防御能力、水资源集约节约利

用能力、水资源优化配置能力、大江大河大湖生态保护治理能力，为全面建设社会主义现代化国家提供有力的水安全保障。要站在“跳出水利看水利”的维度和高度，以“跳出清源看清源”的战略眼光看问题，必须从政治高度去认真学习领会习近平总书记治水思路和关于治水重要指示批示精神。广西百色作为全国首个地级市全域覆盖的沿边重点开发开放区，地处祖国西南边陲，与越南接壤，经济发展优势巨大。目前，百色水利枢纽通航工程正如火如荼地加快建设，世纪工程平陆运河也已开工建设，将有利于发挥广西独特区位优势，释放“海”的潜力，激发“江”的活力，提升西部陆海新通道运输能力，有利于完善西南地区综合交通运输体系。西洋江作为珠江水系西江干流黔江段支流郁江的重要支流之一，流域雨量丰沛，江水陡涨，要做好那比水电站水资源科学调度，为西部陆海新通道的重大战略项目做出积极贡献，向海而兴，向海图强。

（三）加强库区保护与管理

清源电力公司是那比水库的管理单位，要始终坚持“绿水青山就是金山银山”的理念，让水库管理与生态保护协调发展、相得益彰。当前，那比库区管理依然存在许多亟待解决的问题，如库区零星网箱养殖、库岸周边大肆开采带来的严重水土流失等问题，如不加以重视和解决，将严重威胁水库的安全运行。要进一步提高水库管理水平，规范水库管理和保护范围内的相关管理工作，加强水库日常管理，履行管理职责，加大巡查力度，严防在库区保护范围内乱采滥伐、私搭乱建等行为。同时加强库区生态保护，防止在库内发生违法电鱼、毒鱼、炸鱼，倾倒弃渣弃土、生活垃圾以及堆放、填埋固体废弃物等行为。对损坏水库工程设施、危害水库安全、影响生态环境、破坏水库设施、从事有碍大坝和水质安全等违法行为，要及时向水利、国土、环保、公安等有关管理部门和库区所涉及乡镇人民政府进行举报，切实保障水库行洪、水生态和水环境安全。

（四）助推设备革新与信息化建设同向发力

那比水电站自2011年投运至今，设备已运行十年有余，部分重要设备已超出使用年限,且尚未完成改造,要统筹做好主机设备大修和重要系统设备技改升级,坚持技术创新,实现科技提升效率。特别是在信息化建设上,要与设备改造同谋划、同部署、同落实,统筹规划建设机组振摆监测系统、SF6 气体在线监测系统、大坝外观自动观测系统和洪水预报系统,进一步提升自动化监测水平。从安装到废弃实现设备设施全生命周期管理,探索研究设备状态检修,运用综合性技术和管理手段,准确掌握设备状态、预知设备故障,为开展检修决策和管理提供数据支撑和科学依据。积极对接数字孪生百色水利枢纽,为做强、做优、做大数字经济,更好地服务和融入新发展格局,贡献清源力量。

(五)加强人才队伍建设

人才是企业发展的核心竞争力,企业发展更多依靠人才推动。持续发展的人才带给企业更新的创新力、更高的绩效以及企业应对竞争有能力保持更广阔的视野。特别是年轻干部,要筑牢理想信念根基,树立践行正确的政绩观,成为可堪大用、能担重任的栋梁之材。清源电力公司要努力打造一支思想作风过硬、业务能力强、专业素质高的队伍。

一是重“育人”,提高人才队伍建设的前瞻性,创新人才培养方式。要加强公司教育培训的宣传力度,进一步提高全员的培训意识,提高全员对教育培训的重视程度。提高育人的“高度”,人才培养要贴合公司整体规划,形成合力,从公司的整体战略出发。适当增加培训机会,做到施教与需求相结合。

二是重“留人”,坚持以人为本、逐步改善待遇、给予发展机会、给予职工关心等多方式留人,保证人才队伍的基本稳定。通过改善职工工作、生活环境,提高职工的满意度,增强员工归属感;通过提高待遇、委以重任、政策制度等多措并举,提高职工的成就感;建立公平的竞争用人机制,使人才有锻炼的机会及发挥才华的空间,使之实现自己的价值。

三是重“引人”,加强校企合作、提高经济效益、加强品牌文化建设、多层次激励吸引人才。通过构建“校企合作”模式，实现优势互补、资源共享、吸纳人才的目的。加强企业品牌文化建设，营造良好的文化氛围。好的企业文化和文化氛围，在一定程度上体现了企业的影响力和凝聚力，具有凝聚力的团队才能吸引到更多的优秀人才。不断强化待遇留人、事业留人和感情留人，为各类人才的创新创业和发挥才能创造更加优越的环境。

袁文传　王　伟　黄　鸿　王　洋　陈启壮　杨　珺
秦志辉　韦道智　汪成中　罗　丹　薛丹华　黄承权

7 关于赴大藤峡公司考察学习的报告

为更好地推动公司高质量发展,借鉴学习同行先进管理经验及方法,2022年5月22日至23日,右江水利公司党委委员、副总经理马建新一行7人赴广西大藤峡水利枢纽开发有限责任公司(简称大藤峡公司)考察学习。考察期间主要听取了大藤峡公司关于工程运行管理情况的介绍,实地考察了大藤峡公司安全质量智慧培训中心、枢纽管理中心(防汛办)、水力发电厂以及船闸管理中心等地,并就安全管理、枢纽管理、电厂管理及后勤服务等业务与大藤峡公司的各相关部门、单位举行了座谈交流。现将考察调研情况报告如下。

一、考察对象简介

大藤峡公司是由水利部、广西壮族自治区、广东省共同出资组建的大型国有企业,作为业主负责大藤峡水利枢纽工程的建设和运营管理,是广西壮族自治区党委、政府重点支持的企业。

公司内设办公室(董事办)、党群工作部、人力资源部、计划合同部、财务部、总工办(工程技术部)、工程建设部、设备材料部、环境移民部、安全生产监督部和监察审计部等11个部门,下设水力发电厂、枢纽管理中心、船闸管理中心、库区管理中心、信息中心(档案馆)、鱼类保育中心、后勤服务中心(基地建设办公室)等7个二级机构,成立广西大藤峡实业管理有限公司1家全资子公司。

大藤峡水利枢纽工程是国家172项重大水利工程的标志性工程之一,也是珠江流域防洪控制性工程和粤港澳大湾区关键性水资源配置工程。工程开发任务以防洪、航运、发电、补水压咸(水资源配置)为主,结合灌溉、水生态治理等综合利用,综合性效益显著、公益性功能突出(见图 1)。

图 1

大藤峡公司获得了“水利安全生产标准化一级单位”“2016年度安全生产先进单位”“守护生命”安全知识竞赛一等奖、珠江委第三届“安全过关”安全知识竞赛第二名等荣誉(见图 2)。

图 2

二、考察情况

大藤峡公司总体发展目标坚持“三化”管理,即“标准化、专业化、精细化”,强化安全管理,以习近平总书记关于安全生产重要论述为指引,深入贯彻落实水利高质量发展决策部署,全面推进公司安全生产标准化,压实全员安全生产责任,落实质量终身责任制,保障工程建设运行安全稳定。加强沟通协作,推进管理创新、技术创新、制度创新,公司内部管理、人才队伍建设、社会影响力和工作生活环境持续向好。电厂运行安全平稳,发电效益持续提升。

(一)安全管理

作为在建工程项目法人,大藤峡公司把安全生产上升到政治高度,不讲条件、不讲价钱,压责任、强监管,牢牢守住安全红线不放松,以"稳字当头,安全第一"为理念。大藤峡公司对安全生产工作投入大,积极推广安全生产标准化管理理念并付诸于本单位的生产中。安全生产赏罚信明,施与有节,既有半年开出76张罚单的记录,也曾定制了一批安全温馨标语小贴纸,将其粘贴在西瓜上,发放至每一位员工。

1.安全生产教育智慧培训

大藤峡公司安全质量智慧培训中心按照标准化、规范化、信息化要求建设,功能齐全,寓教于乐,可操作性、互动性强。培训中心共规划了六大区域,分别为序厅、多媒体智慧教室、安全认知区、安全技能实训区、风险伤害体验区、质量样板展示区,共计17项培训项目,培训中心把"智慧水利建设"这一主题放在了首位。学员可以运用信息技术,学习安全知识,开展技能模拟训练,比如"VR仿真实训"可让受训人员进入一个可交互的虚拟现场场景中,可以模拟真实的设备设施操作环境。又比如"游戏学习机",里面内置了"安全隐患找茬""安全用具选用"等小游戏,在游戏中学习,形象生动,能充分调动受训人员的学习热情,加深感观认知,强化知识记忆。培训中心为建设工程项目提供了新入职人员进场培训、分包单位集中培训、培训学员自主学习等培训方式。

大藤峡工程安全质量智慧培训中心序厅见图3,培训中心多媒体教室见图4。

图3

图4

个人防护用品佩戴体验设施见图5,高空作业体验设施见图6,心肺复苏急救体验见图7。

图5

图6

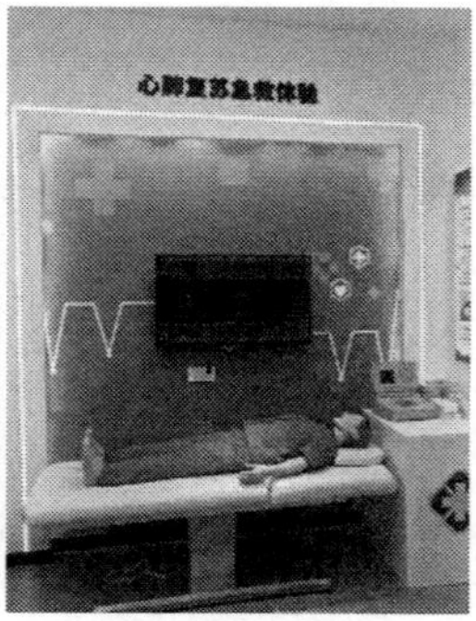

图7

安全标识抢答体验见图8,虚拟灭火体验设施见图9,VR仿真实训见图10。

图 8

图 9

图 10

2.安全管理可视化

大藤峡公司于2016年委托武汉博晟安全技术股份有限公司编制了《大藤峡水利枢纽工程安全文明设施标准化及安全可视化手册》,统一了现场安全警示标志标准,制定了《安全标志管理办法》,对工程现场安全标志和安全防护设施的设置、维护管理提出了明确的要求。目前,大藤峡公司在已投入运行的左岸工程电厂、船闸、枢纽等处,标牌标识风格统一、简洁醒目、美观实用。

可视化手册见图 11,安全标志管理办法见图 12,现场安全标志标识见图 13。

图 11

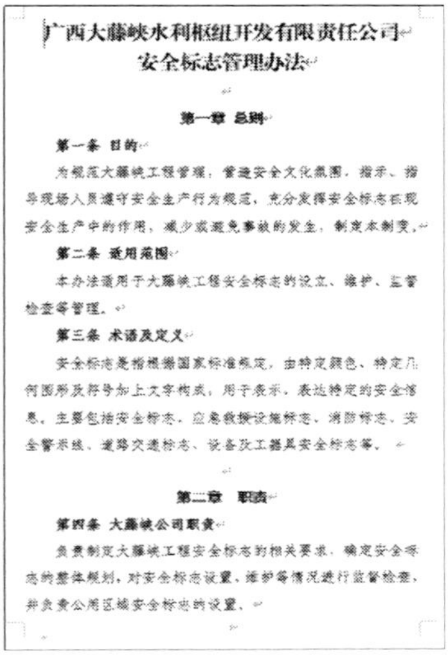

广西大藤峡水利枢纽开发有限责任公司
安全标志管理办法

第一章 总则

第一条 目的

为规范大藤峡工程管理，营造安全文化氛围，提示、指导现场人员遵守安全生产行为规定，充分发挥安全标志在现安全生产中的作用，减少或避免事故的发生，制定本制度。

第二条 适用范围

本办法适用于大藤峡工程安全标志的设立、维护、监管检查等管理。

第三条 术语及定义

安全标志是指根据国家标准规定，由特定颜色、特定几何图形及符号加上文字构成，用于表示，表达特定的安全信息。主要包括安全标志，应急救援设施标志、消防标志、安全警示线、道路交通标志、设备及工器具安全标志等。

第二章 职责

第四条 大藤峡公司职责

负责制定大藤峡工程安全标志的相关要求，确定安全标志的整体规划，对安全标志设置、维护等情况进行监督检查，并负责公用区域安全标志的设置。

图 12

图13

3.现场管理

大藤峡公司现场管理到位，整洁有序。一是生产现场及办公场所环境干净整洁，标识简单明了，物资摆放整齐有序，如在2号启闭机室内设立了卫生责任公示牌，明确了设备卫生、环境卫生责任人和设备卫生、环境卫生标准。二是闸门启闭机室地面采用了环氧树脂地坪漆，并用不同颜色划分了功能区，既规范了生产区域，又减少了设备间的粉尘污染，改善了生产环境。三是在电厂现场设置了智能工器具柜，加强对安全工器具的管理，智能工器具柜既提供了恒温恒湿的稳定存放环境，能达到防潮、防损、防尘的效果，又能显示工具使用人、检验日期、去向等信息，还通过指纹识别、智能钥匙等技术手段实现了工器具智能化无人管理。四是现场应急处置物资配置较规范齐全，如在枢纽管理中心值班室设置有微型消防站，配置了较齐全、专业的个人消防防护器材。

标牌标识风格统一、简洁醒目、美观实用(见图14)。大坝船闸室减压阀上控制管路阀门设备编号标识清晰、规范统一(见图15)，电厂厂房内智能柜配备安全拉手锁、液晶屏具有实时显示温湿度的功能(见图16)。发电厂房设备设施均整洁干净，现场根据“安全四色图”标出划分区域(见图17)。卫生责任牌、安全警示标志牌、微型消防站如图18~图20所示。大藤峡闸门设备现场采用了“可视化”管理，阀门开关位置标识清晰，启闭机油箱油位简单明了，如图21所示。

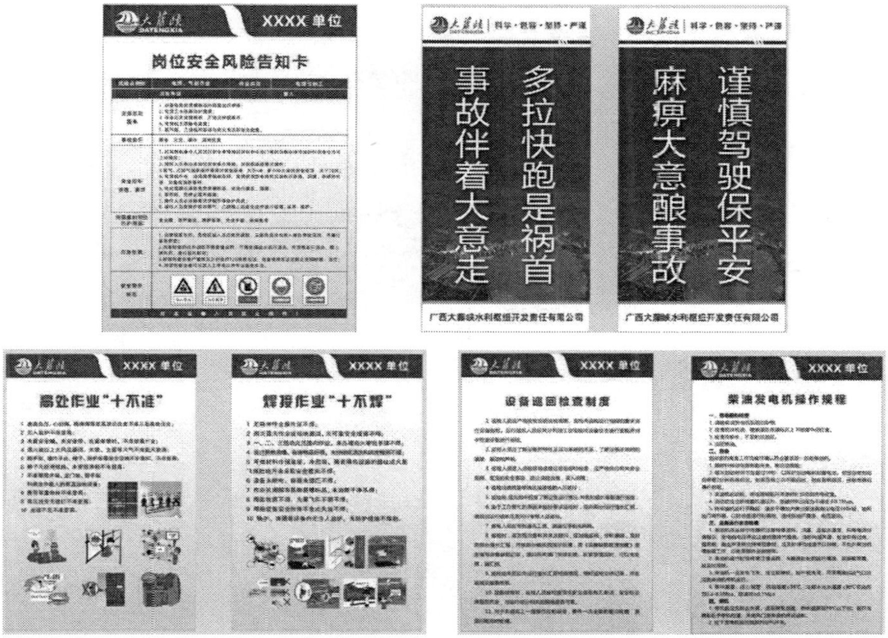

图 14

图 15

图 16

图 17

图 18

图 19

图 20

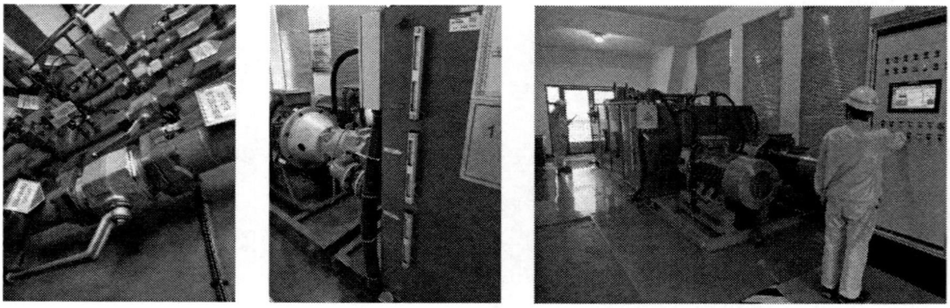

图 21

(二)信息化系统管理

一是水情水调系统。大藤峡目前有三套水情系统:大藤峡水雨情信息综合应用平台、大藤峡预报调度系统、大藤峡水利枢纽多目标优化调度系统。不同层级归类划分清晰,表现层直观、具体、易操作。大藤峡水雨情信息综合应用平台内含 48 h 流量滚动预报界面,满足预测未来 48 h 入库流量的条件,为制订调度方案预留时间,对监测大坝来水安全有重要作用,该调度系统可预测未来 1 天至 3 天水库的入库流量过程,根据预报的入库流量进行调洪演算,系统提供了不控泄调度、指令调度、水位控制、初期运行调度规程等调度模式,调度方式灵活多变、调度方案可选性多(见图 22、图 23)。二是运用机器人、无人机智能巡检。智能巡检机器人是新型服务机器人的一种,主要用于生产设备的监测,及时在信息系统进行设备状态反馈,以便技术人员快速查找问题进行维护。如电厂采用了机器人巡检管理,在高压电缆廊道和出线场等处采用机器人巡检,利用可见光和红外光对设备进行巡视。机器人根据设定好的时间和路线,定时定点对目标设备进行巡检,通过红外线可以有效发现电气设备异常发热情况。枢纽中心通过无人机巡检,实现了在现场无人情况下,对枢纽中心管辖的黔江主坝、黔江副坝、南木江副坝、交通桥、工程鱼道、左岸排水渠的智能巡检,兼顾了右岸二期围堰及高边坡、滑坡体及枢纽上下游1 000 m 水域等水工建筑物。

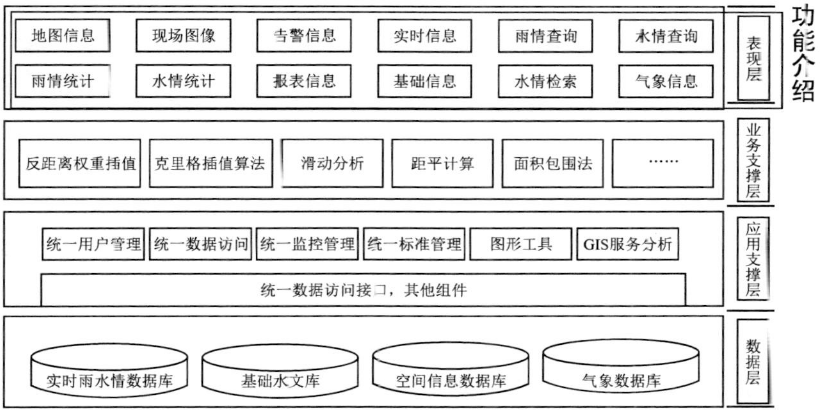

图 22

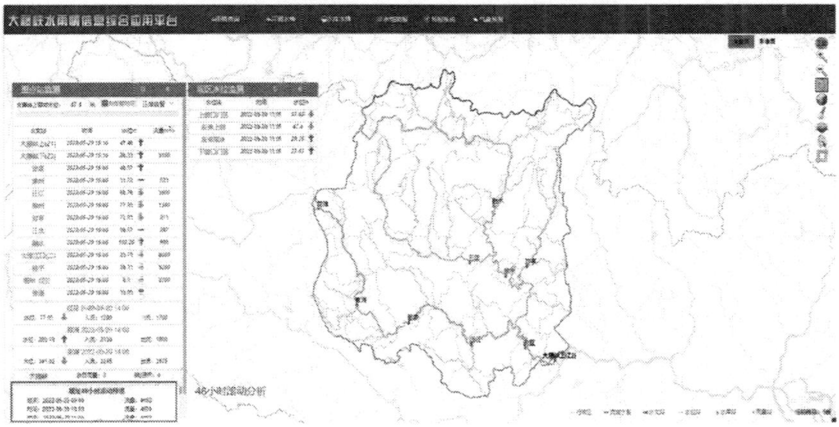

图 23

(三)后勤服务

大藤峡公司设有后勤服务中心,负责职工食堂日常管理。后勤服务中心在公司基地内建有禽畜养殖、蔬菜种植基地,基本实现了自给自足,在向职工食堂提供了绿色有机食材之外,还有部分向外部市场销售,创造了一定的利润。

三、思考及建议

(一)安全管理

1.设立安全教育智慧培训中心

参照"大藤峡工程安全质量智慧培训中心",结合百色水利枢纽坝区总体规划,在坝区设立安全生产智慧培训中心,借用信息化智能化技术,优化公司安全生产教育培训方式。在硬件设施上可采用电子触控屏、VR设备、实物(安全防护用品、逃生救援设备)、多媒体教室等;在内容上以各部门、子公司的业务工作为重心,包括但不限于用电用气安全、消防安全、高处作业安全、起重作业安全等;在应用上可以采用互动答题、小游戏、小程序等方式,如个人答题、对战答题、挑战答题等互动答题,或触电急救,灭火器选择与使用、特种作业安全检查、模拟场景的安全隐患排查等小程序。以达到激发员工学习热情、提升员工的安全知识和专业技能的目的。

2.完善安全风险分级管控机制和安全警示标志

大藤峡公司聘请了行业知名安全管理专家进行安全风险评价,并委托专业机构规划统一了现场安全警示标志。建议公司可参照执行。一是邀请业内安全专家对公司危险源管控情况进行全面梳理评估,查找在危险源辨识、评价和管控方面存在的不足和漏洞,根据评估建议和水利部相关要求跟进完善危险源辨识、评价和管控工作,进一步完善规范公司的安全风险分级管控机制,切实做到危险源辨识全面彻底,风险评价科学准确,分级管控措施有效到位。二是针对公司原有安全警示标识材质不一、外观陈旧、内容不规范等情况,按照国家有关安全图形符号的标准,对公司现有的安全警示标识统一标准、统一规划、统一样式。

3.提升现场管理

一是大藤峡水利枢纽闸门启闭机阀门标识有开关位置,阀门状态清晰明确。建议电厂采用类似的措施,完善现场设备标识。二是公司的闸门启闭机室地面是混凝土批灰,建议采用环氧树脂地坪漆,对地面采用不同颜色进行分区,改善设备运行环境。三是公司在生产现场布置有大量的消防器材,但主要都是灭火器之类的,缺少人员防护用品。建议参考大藤峡公司,在生产场所设置微型消防站。四是建议根据需要,在电厂、枢纽管理中心等作业场所配置智能工器具柜,强化对工器具的维护和管理。

(二)信息化管理

一是从智能巡检应用方面来看,可借鉴大藤峡公司在机器人智能巡检方面的经验,在公司结合实际推进机器人智能巡检,可在电厂出线场、高压电缆廊道、GIS 开关设备等重要电气设备或人员较难抵达的区域采用类似的监测设备,实现数字化可视化,降低高危作业风险的概率,依托信息化管理手段达到优化工作内容、提升工作效率的效果。二是大藤峡水利枢纽闸门设备具备远方启闭功能,并在日常操作实施。公司的闸门设备目前不具备远方启闭功能,在电厂一线人员紧张的情况下,建议结合数字孪生建设,在确保闸门安全运行的前提下,统筹考虑进一步完善闸门监控系统,增加远方操作启闭闸门这一功能。三是从枢纽管理中心的水情水调系统方面看,大藤峡公司的水调系统多了坝址 48 h 滚动预报项目,能够更加有效地捕捉到未来坝上可能发生的水情突发情况,提前采取相关措施,避免可能因水情突变带来的损失。若条件允许,公司可借鉴其经验,做一个类似的(48 h、72 h、96 h)针对库区的水情预报项目,为大坝安全再添一层保障。

(三)后勤服务

规模化绿色种植基地。目前,江河资产公司有部分职工在主坝区空地种植绿色蔬菜,可少量供应前方营地职工食堂,但没有形成规模,供应的数量有限。建议在条件允许的情况下对主坝区空地进行规划,形成一定种植养殖规模,由江河资产公司安排或委托专人管理,统一采购供应公司三地食堂,让员工吃到绿色有机食材。

马建新　赵松鹏　任作义　李　健
甘　雨　潘　倩　彭　冬

8 关于赴龙滩水力发电厂调研的报告

为借鉴龙滩水电站闸门运行维护(重点是弧形工作闸门液压启闭系统维护)和智能巡检等方面的工作经验,2022年 6 月 19 日至 20 日,由右江水利公司副总工程师黄承泉带队,技术管理部(总工办)戴传诠和杨堃、右江水力发电厂张兴华和李兴文、枢纽管理中心(防汛办)周少良共 6 人到龙滩水力发电厂调研。调研人员查看了水力发电厂大坝运行管理情况,听取了龙滩水力发电厂相关人员对工程运行管理、智能巡检等情况的介绍,并进行了深入的座谈交流。现将有关调研情况报告如下。

一、工程概况

龙滩水电站位于红水河上游的广西天峨县境内,距天峨县城 15 km,是珠江流域防洪控制性骨干工程。工程按正常蓄水位 400 m 设计,按初期蓄水位 375 m 建设。工程规划总装机 9×70 万 kW,设计多年平均发电量156.7亿 kW · h,分两期建设,一期工程只安装了 7 台机组。电站于2001年 7 月 1 日开工建设,2007年 5 月第一台机组投产发电,2008年 12 月第一期 7 台机组全部投产发电。工程管理单位为中国大唐集团有限公司广西分公司下辖的龙滩水力发电厂。

为满足电站生产、经营和培训需要,龙滩水力发电厂在坝区和天峨县城设有办公、生活及培训基地。

二、闸门运行维护及智能巡检工作基本情况

龙滩水电站拦河大坝设有 7 个表孔和 2 个底孔,其中泄洪全部

由表孔承担，最大泄量27 153 m^3/s；底孔主要为水库放空设置，并可用于大坝后期施工导流。溢流表孔布置于13～18号坝段，孔口宽度15.0 m，堰顶高程355.0 m，每个表孔设一扇弧形工作闸门，由液压启闭机操作，在工作闸门上游设一道检修闸门槽，7个表孔共用一扇检修闸门。2个底孔对称布置于表孔两侧，在上游进口段设叠梁检修闸门和平板事故闸门，下游出口设弧形工作闸门，孔身采用钢板衬砌。表孔弧形工作闸门液压启闭机容量为2×3 200 kN，双缸同步操作，启闭机可现地操作，也可远程集中控制。龙滩水力发电厂闸门系统由水工部负责运行和维护，闸门设备的维护管理主要工作包括定期巡视检查和设备消缺，定期对相关设备做启停试验，以及一些专项检查，防腐、水封更换等。

龙滩水力发电厂设备巡检历经运行初期的传统人工方式、手持巡检仪配合巡检平台软件阶段，2020年后，逐步加大新技术的应用，目前巡检系统是结合NFC、二维码、轮式机器人（只在开关站和电缆竖井场合）、视频监控系统等配合安全监管平台（中国大唐集团有限公司推行的应用系统，右江电厂2021年采购的设备巡检系统为该平台的一个子系统）完成全厂机电设备的巡检（安保巡更管理自成系统，由其他部门负责）。从巡检业务看，龙滩水力发电厂仍处于智能应用探索阶段，除局部使用新兴技术外，成套的智能巡检系统还没有建立。

三、其他运行管理经验

除闸门运行管理和智能巡检这两个主题外，调研人员还对管理机构设置及职责、电厂运行管理和检修维护、信息系统建设等方面进行了了解。主要情况如下。

(一)管理机构

龙滩水力发电厂成立于2006年 9 月 24 日,负责龙滩水电站的发电生产管理,是大唐集团广西分公司的二级机构,是独立核算的电站运行和成本控制中心。电厂设置 10 个部门:厂长工作部、计划营销部、财务管理部、人力资源部、党群工作部(将现在的思想政治工作部与工会工作部合并为一个新部门——党群工作部,党委办公室)、监察审计部、安全环保部、生产技术部、运维部、水工部。其中,水工部 13 人,运维部 67 人。另外,设置有一个单独核准部门——基建工程部,以及挂靠的龙滩水电培训基地。

(二)运行管理和检修维护

运行管理:龙滩水力发电厂采取无人值班、远程值守模式,发电机组的开/停、出力调节、监盘等日常监控工作由其总部统一设单独部门"集控中心"完成,负责多个电厂的集中远程值守监控,现场中控室不设值班人员,由电厂运行部 ON-CALL 人员定期巡盘,负责操作、巡检和事故处理。

检修维护:龙滩水力发电厂设备管理由设备部拟订计划,日常维护和消缺由运维部落实,机组检修、设备更新改造等较大维修任务,由其上级桂冠公司安排系统内检修队伍完成。电厂人员负责检修现场的安全监督和质量监督管理。

(三)信息系统建设

龙滩水力发电厂在生产管理智能化上与区内大唐集团广西分公司其他电厂类似,信息化偏重于生产管理信息化应用,企业经营与生产管理没有实现一体化,与公司目前的信息化阶段也较为相似。龙滩水力发电厂 2023 年将作为其上级桂冠公司推动数据中心及智慧企业建设的试点单位,推动开展数字化建设,打造智慧龙滩水力发电厂的信息化建设。

四、有关建议

(一)关于弧形闸门运行维护

龙滩大坝表孔闸门与百色表孔闸门均为弧形闸门,但龙滩设有检修门,工作弧形闸门及液压启闭机可以随时开展检修。根据现场了解,龙滩大坝表孔闸门液压启闭机投运以后,开展过一轮密封更换和启闭机维修工作。由于百色大坝表孔未设检修门,表孔闸门及启闭机检修只能选在库水位低于堰顶高程时进行。由于这个时间的长短主要受来水影响,不好控制,因此大的检修时如遇水位上涨有一定的风险,特别是如需返厂维修,时间更难控制。与龙滩水力发电厂运行维护人员交流时,他们对采购一套液压启闭机备品作为替换备品轮换检修的想法表示赞同。

(二)提高工程智能化巡检水平

龙滩水力发电厂尝试在部分设备上应用智能化巡检效果明显。特别是高压电缆等重要电气设备的温度采集采用机器人巡检,利用红外测温设备高频次定时巡测,能够及时地常态化掌握设备异常发热情况,对设备的状况判定有积极的作用。建议公司秉承“需求至上,实用为主”的原则,考虑在部分重点区域或设备上试点应用。

黄承泉　戴传诠　杨　堃　张兴华　李兴文　周少良

9　关于企业工资决定机制改革实施调研情况的报告

根据《珠江委人事处转发水利部人事司关于组织开展部属企业工资决定机制改革实施情况专项调研的通知》(珠人事综函〔2022〕2 号)文件要求,我公司开展了企业工资决定机制改革实施调研,现将有关情况汇报如下。

一、改革实施情况

经广西壮族自治区人民政府批准,广西右江水利开发有限责任公司(简称右江水利公司)于1997年 5 月 27 日成立。2001年,水利部和广西壮族自治区人民政府按照省部合作方式,对右江水利公司进行重组。水利部以珠江水利水电开发有限公司作为出资人代表,占股62.5%;广西壮族自治区以广西水利电业集团有限公司、南宁交通投资集团有限责任公司、广西百色开发投资集团有限公司作为出资人代表,占股37.5%。右江水利公司的主要任务是负责百色水利枢纽工程的建设和运行管理。右江水利公司所属全资子公司和控股子公司共 4 个,其中 1 个全资子公司(广西江河资产管理有限公司)和 3 个控股子公司(广西清源电力股份有限公司 60%、楚雄州季连投资有限公司 80%和富源县块泽河发电有限责任公司 70%)。

广西江河资产管理有限公司:注册时间2006年 12 月 13 日,类型为有限责任公司(非自然人投资或控股的法人独资)。

广西清源电力股份有限公司:注册时间2007年 3 月 23 日,类型为有限责任公司(国有控股)。

楚雄州季连投资有限公司:注册时间2007年3月23日,类型为有限责任公司(国有控股)。

富源县块泽河发电有限责任公司:注册时间2003年3月25日,类型为有限责任公司(国有控股)。

从2019年起,右江水利公司和4个子公司,按照《水利部关于印发所属企业工资决定机制改革实施办法及配套办法的通知》(水人事〔2019〕215号)(简称《实施办法》),全面实行了工资决定机制改革,全面实行工资总额预算管理。各子公司根据各自公司的功能定位、行业特点等因素综合考虑,自主编制工资总额预(清)算方案报右江水利公司,右江水利公司根据《实施办法》预(清)算的管理方式,对各子公司工资总额预(清)算方案核准后下发各子公司执行。

二、企业工资总额情况

按照《实施办法》的规定,2019年至2021年工资总额预(清)算执行情况(含子公司)具体如下:

工资总额预算批复数分别为4 608.48万元、5 032.27万元、4 882.21万元,增幅分别为12.04%、9.2%、-2.98%;清算批复数分别为4 698万元、4 790万元、5 192万元,增幅分别为14.21%、1.96%、8.4%;实际执行数为4 487.12万元、4 664.26万元、4 745.46万元,增幅分别为9.09%、3.95%、1.74%。

公司2019年至2021年人均工资水平分别为14.19万元、14.3万元、15.5万元,增幅分别为8%、0.74%、8.4%。

三、企业经营财务情况(合并)

(1)企业2019年至2021年人均营业收入、人均利润、人均净利润、人均劳动生产总值等有关财务指标的变化情况如下:

2019年营业收入为50 469.80万元；人均营业收入为152.48万元；人均利润为12.67万元；人均净利润为9.99万元；人均劳动生产总值109.81万元。

2020年职工人数较上年增加 4 人，营业收入为35 803.15万元；人均营业收入为106.88万元；人均利润为-28.67万元；人均净利润为-29.55万元；人均劳动生产总值57.90万元。

2021年职工人数较上年人数无变动，营业收入为33 435.40万元；人均营业收入为99.81万元；人均利润为-35.15万元；人均净利润为-36.11万元；人均劳动生产总值50.33万元。

（2）企业主营业务范围、主营收入占比、各营业收入占比情况如下：

公司所属行业为水利管理业，业务性质为水利管理及水力发电，主要经营活动包括电力生产、销售，主要业务板块是水力发电。2019—2021年度营业收入占比情况如表 1 所示。

表 1　2019—2021 年度营业收入占比情况

收入类型	2019年		2020年		2021年	
	金额/万元	占比/%	金额/万元	占比/%	金额/万元	占比/%
主营业务收入	49 999.48	99.07	35 524.70	99.22	32 568.15	97.41
其他业务收入	470.32	0.93	278.45	0.78	867.25	2.59
营业收入合计	50 469.80	100.00	35 803.15	100.00	33 435.40	100.00

（3）企业国有资产保值增值情况。2019年公司国有资产保值增值率为101.22%；剔除非经营性因素影响，2020年公司国有资产保值增值率为95.24%；2021年公司国有资产保值增值率为93.83%。

四、工效联动指标及考核情况

右江水利公司选取的工资效益联动指标和权重，具体情况如下：

（1）企业功能分类为商业二类。

（2）工资效益联动指标为资产负债率、总成本费用预算偏差率、发电计划完成量 3 个指标，权重分别为 40%、40%、20%。

上述指标基本能体现公司的主责主业，能结合企业实际。

上级主管单位水利部珠江水利委员会严格按照《实施办法》规定程序对公司年度工资效益联动指标完成情况及奖惩情况进行考核工作，并将考核综合得分用于公司工资总额清算，考核程序规范。

五、劳动生产率情况

2019年人事费用率为12.41%，人工成本利润率为66.96%，人工成本占成本费用比重为24.84%。

2020年人事费用率为17.14%，较 2019 年有所增长，主要变动原因是2020年营业收入降低较多；人工成本利润率为13.70%，较 2019 年减少53.26%，主要变动原因是2020年利润总额较 2019 年下降79.95%；人工成本占成本费用比重为23.96%，较上年减少0.88%，主要变动原因是本年职工人工成本较 2019 年同期减少 127 万元。

2021年人事费用率为20.88%，较 2020 年有所增长，原因是 2020 年疫情减免了部分社保费用，2021年社保费用恢复正常，故人事费用率增多；人工成本利润率为36.40%，较 2020 年增加22.70%，主要变动原因是本年利润总额较 2020 年增加22.18%；人工成本占成本费用比重为25.91%，较 2020 年增加1.95%，主要变动原因是本年职工人工成本较 2020 年同期增加847.69万元，营业成本较 2020 年同期增加 1 342 万元。

六、企业内部分配情况

（1）2019 年核定公司2019年工资总额清算数为 4 698 万元，其中母公司清算数为3 424.05万元、清源电力公司清算数为496.27万元、江河资产公司清算数为472.85万元、块泽河公司清算数为219.09万元、季连公司清算数为85.74万元。2019年右江水利公司工资总额实际发放数为 4 487.10 万元，没有超提超发的情况。

（2）2020 年核定公司2020年工资总额清算数为4 790万元，其中母公司清算数为3 547.48万元、清源电力公司清算数为498.88万元、江河资产公司清算数为452.97万元、块泽河公司清算数为195.0万元、季连公司清算数为95.67万元。2020年右江水利公司工资总额实际发放数为 4 664.26 万元，没有超提超发的情况。

（3）2021 年公司上报工资总额清算数约为5 192万元，目前还未批复。

综上，待珠江委核定公司2021年工资总额、公司负责人2021年年薪水平及2019—2021年任期激励后，公司将予以兑付未发的工资总额。

七、外部相关经验做法

公司调研了广西桂冠电力股份有限公司（简称桂冠电力）、广西广投能源集团有限公司在工效联动考核指标选取、考核程序、总额预算基数确定、工资总额增长、特殊情况增资方面的情况，具体如下。

(一)广西桂冠电力股份有限公司

广西桂冠电力股份有限公司是中国大唐集团有限公司的控股子公司,管理岩滩等9座水电站、1座火电厂和5个风电场,现有员工约3 600人。资产约400亿元。其对下属企业工资总额管理办法如下。

1.工效联动指标(考核指标)及考核

统一发电企业考核指标,按发展工作指标、专项工作指标和约束事项三类指标进行考核。发展工作指标占70%,包括利润总额(30%)、经济增加值(10%)、发电量(10%)、财务费用(6%)、资产负债率(14%)等。专项工作指标实行加减分,对照国有企业三年行动方案检查评分。约束事项共10项,包括安全、保密、队伍建设、纪检、审计等,实行减分制。

年末由桂冠电力对各企业上述指标进行考核评分。根据评分结果划分A、B、C、D四个等级,其中A等按20%控制,C、D等合计不超过10%。

2.总额预算基数确定及工资总额增长

桂冠电力及其下属公司工资总额由中国大唐集团核定批复。在批复中,明确公司总部及其下属公司的工资总额不得相互挤占。工资总额数在每年12月核定,当年发放完毕。工资总额分为基本工资、单列工资和绩效工资。

基本工资(不含企业负责人)约占工资总额的60%,依据实际在岗人数及人均工资核定,增人增资,减人减资。人均工资按照桂冠电力平均工资和本单位历史因素综合核定。

单列工资包括海外津贴、高原津贴、科技奖励、前期发展奖励。企业负责人工资单独核定、新进大学生工资作为特殊情况增资按照集团统一工资水平核定。

绩效工资年底根据各单位年度考核结果核定,约占工资总额的25%。考核为 A 的,在平均工资基础上上浮 10%~20%;考核为 B的,在平均工资基础上上浮 5%左右(按当年物价指数保底);考核为 C、D 的,在平均工资基础上下浮 5%左右。

(二)广西广投能源集团有限公司

1.工效联动指标

工资总额主要由效益指标决定,效益指标包括关键财务指标和业务发展指标,关键财务指标包括营业收入、净利润、经济增加值,业务发展指标包括资产保值增值率、现金流、营收利润率。另外,还将企业三年行动实施情况考核、重大安全事故、违纪违法、虚假贸易类等纳入加分和扣分考核。

2.总额预算基数确定及工资总额增长

对于新成立企业,在项目可研阶段,按照“一企一策”原则制定,按照同类型企业平均工资确定其工资总额基数。

对于成熟型企业,预算基数以上年度实发工资总额为基础,剔除不合理因素后确定。编制内增加人员的工资作为特殊因素增加数计入预算基数。

工资总额依据实际考核结果核定,不封顶。对于亏损企业,尽量保持薪酬水平稳定,给予一定增长,最低保持不增长。

为支持企业做强做大,在工资总额外核发特殊贡献奖,对突出项目进行嘉奖。本部的工资增长率不能高过所属企业的工资增长率。

八、有关意见和建议

结合公司2019年至2021年执行情况,对工效联动考核指标选取及其权重配比、职工工资正常增长机制、考核实施程序、预算编制和清算审核、特殊情况增资等方面提出以下建议。

(一)编制工资总额预算

1.建议实施单户编制右江水利公司工资总额预算

右江水利公司与下属 4 个子公司之间属无关联交易的投资管理关系,不属于集团模式企业,人、财、物完全独立。建议按母公司单户申报工资总额预算。其下属子公司由母公司按照《实施办法》规定程序来规范核定工资总额。强制捆绑母、子公司合并考核会出现相互抵消的不科学结果。

2.工效联动指标选取

商业二类公司现行选取的指标多要求以经营收入、成本及利润为主,应综合考虑防洪、灌溉、航运、供水及环境保护等综合效益显著的水利企业的相关指标,增加如防洪效益、防汛抗旱调度成效、安全生产、保障下游灌溉面积、供水受益人口等综合指标。水利企业公益性功能较大,公益性兼发电性质的企业,不能单纯以企业是否盈利、是否保证了国有资产的保值增值作为考核企业效益的指标,应结合企业在生产经营过程中产生的社会效益,对社会做出了多少贡献和累积。

3.工效联动指标取值

右江水利公司及 3 个发电子公司是以发电收入为唯一主营业务收入的企业,每年的发电计划经公司充分论证后报行业主管部门及企业股东会批复下达。因发电量完成情况很大程度上取决于当年库区降水量和来水量,而库区降水量和来水量往往很难预测,自2006年各公司陆续发电投产以来,年度发电完成量波动很大。其中,右江水利公司2010年度因干旱少雨仅完成发电量4.77亿 kW · h,而2018年度降水量大完成发电量达21.72亿 kW · h。由于收入来源单一,多年经济效益起伏较大。如指标选取发电完成量指标的,应考虑按多年实际发电量作为基值更为科学，而不是以上年度的发电量为基数或者年年加码。

4.特殊因素增加值

（1）应按照上级主管部门批复的机构设置中的人员编制考虑新增人员的工资增加额，如右江水利公司人员编制为 198 人，2020年实际人数为 164 人，2021年新增 5 人后达 169 人，仍在编制 198 人以内，应按人均工资给予增加 5 人工资额度。

（2）应在上级主管部门批复的机构设置范围内，考虑管理岗位补岗工资增加额。如核定公司中层正职 15 名，中层副职 23 名，2021年公司在核定岗位范围内提拔 1 名中层正职、6 名中层副职等，应按实际补岗所需工资额增加工资总额，避免未提拔人员工资“被分配”。

（二）编制工资总额清算

（1）关于国有资产保值增值情况。

百色水利枢纽是国家西部大开发标志性工程之一，是郁江中下游防洪体系的控制性工程，是以防洪为主兼有发电、灌溉、航运、供水等综合利用的准公益性项目。电站总装机容量 54 万 kW，设计年均发电量16.9亿 kW·h，是广西电网唯一可直接调度的主力调峰水电站。2006年底投产以来，百色水利枢纽在防洪、发电及生态等方面发挥了较大的效益，为改变右江下游至南宁沿岸城市的防洪安全、保障人民生命财产安全做出了巨大贡献。

与公益效益相比，百色水利枢纽的经济效益远未达到预期。百色水利枢纽运行以来，因发电量远未达设计值、电价未达可研测算值、企业自筹建设资金、电力体制改革减收等因素影响，与工程投运初期预期相比，公司累计减收超 20 亿元，现累计亏损已超 10 亿元，历史累计巨额亏损导致公司贷款本金居高不下,财务成本高,很大程度上冲抵了公司的经济效益。公司账面上难以实现国有资产保值增值。

在此情况下,单纯用国有资产保值增值率作为企业工资总额调整的刚性政策,不利于公司的发展。应根据公司的实际情况,经营期内各年间减亏额、扭亏额或利润增加额作为保值增值率替代指标。

工资总额清算时,应综合考虑上述因素,剔除非经营性因素和历史累计包袱影响,而不仅单纯以财务决算报表数据为核算依据。

(2)建议工资总额清算中国有资产保值增值指标可多选,增加企业对社会贡献大小、项目安全、重大安全事故等相关指标,如社会贡献率、社会累计率、总资产贡献率、安全生产达标等作为考核指标。

(3)应坚持经济改革成果共享的理念,建议在年度清算时,工资总额增长在设定上限的同时,能按不低于所在地区的 CPI 水平同比增加。

(4)为鼓励企业攻坚克难、创新创优,建议在工资总额外建立特别贡献奖和科技创新奖。

吕油库　黄　鸿　郑　莉　焦爱玲　潘雪蕾

10　关于赴柳州市龙溪水利水电建设投资有限责任公司学习调研的报告

为进一步明晰百色水利枢纽工程用地权属，强化库区管理和保护工作，学习同行在水库管理、工程用地确权方面的先进经验和做法，2022年8月1日至2日，右江水利公司库区管理中心有关人员赴柳州市龙溪水利水电建设投资有限责任公司（简称龙溪公司）进行学习调研。调研组一行听取了龙溪公司工程建设及运行管理方面的情况介绍，并就落久水利枢纽工程库区用地确权进行深入的座谈交流。现将有关调研情况报告如下。

一、龙溪公司基本情况

柳州市龙溪水利水电建设投资有限责任公司于2009年9月获柳州市人民政府批准依法登记成立。2015年9月被列为市委管理企业，是市国资委监管的国有独资公司。2016年12月，龙溪公司并入柳州市农业基础设施投资建设集团有限公司，由其履行出资人职责。公司主要负责柳江防洪控制性工程落久水利枢纽、洋溪水利枢纽和梅林航电枢纽工程投资建设、经营管理，以及投资入股红花二线船建设等。目前，落久水利枢纽工程已建成并投入运行，洋溪水利枢纽和梅林航电枢纽工程正处于工程建设前期阶段。

公司组织架构完善，成立有董事会、监事会和党支部，下设有综合办公室、党群工作部、总工办、计划合同部、工程建设部、财务部、资产管理与设备部、信息管理中心、移民部、质量安全生产部、战略发展部、落久水利枢纽管理中心12个部门，现有员工82人。

二、落久水利枢纽工程调研主要成果

（一）工程基本情况

落久水利枢纽工程位于广西壮族自治区融水县融水镇新安村长赖屯贝江河上，是柳江防洪控制性工程重要工程之一，被纳入国家“十三五”期间172项重大水利工程，是以防洪为主，兼顾灌溉、供水、发电等综合利用性工程。水库淹没影响涉及融水县融水镇、四荣乡、香粉乡、怀宝镇4个乡（镇），水库正常蓄水位153.5 m，防洪高水位、设计洪水位均为161 m。总库容3.46亿 m^3，电站装机容量4.2万 kW，年发电量1.417亿 kW·h，灌溉渠首设计流量6.52 m^3/s，向融水县城供水设计流量0.87 m^3/s。工程总工期40个月，初设批复总投资26.88亿元，已于2020年建成并投入运行。

（二）工程用地确权进度

落久水利枢纽工程征地涉及22 000余亩，工程初步设计后启动工程用地报批工作，共分两期进行。其中，一期土地主要包括主坝及道路设施用地，一期用地面积50.88 hm^2（约763亩），其中耕地3.46 hm^2（约52亩）。因属地方重点工程，经融水县自然资源局办理建设用地规划许可证，缴纳耕地开垦费后，通过国家项目土地划拨方式明确供地，并完成建设用地不动产权登记及证件办理工作；二期土地主要包括库区、安置区及渔业增殖站等设施用地，二期用地面积约为1 415.79 hm^2（约21 236.8亩），其中耕地93.28 hm^2，即需要完成占补平衡指标交易的耕地面积为93.28 hm^2（约1 399.2亩），按现有政策，需缴纳耕地占补平衡购买指标费用约2.4亿元（根据新的文件要求，耕地占补平衡实行耕地数量、水田规模和粮食产能3类指标管理，进行计算耕地占补平衡交易综合指标）。完成耕地占补工作后，现申请供地相关材料已报地方政府有关部门待审。

(三)工作流程及相关政策依据

1.工作流程

一是满足耕地占补有关要求。水利水电工程建设占用耕地,由建设项目法人负责补充数量相等和质量相当的耕地;没有条件补充或补充的耕地不符合要求的,建设项目法人应按有关规定缴纳耕地开垦费。

二是申请政府供地。开展库区建设用地供地勘测定界成果编制,主要包括制作各项面积统计表、绘制供地勘测定界宗地图、编制供地勘测定界技术报告等,随后向地方自然资源部门提出建设用地供地申请,待审核完成后取得国有土地划拨决定书。

三是申请发证。开展地籍测绘、权属调查以及宗地图制作,成果报自然资源局审核通过后,与相关材料一并提交不动产登记中心,进行录入、审核、公示、发证等工作程序,最终取得国有建设用地使用权不动产权证书。

2.相关政策依据

(1)《国土资源部 国家经贸委 水利部关于水利水电工程建设用地有关问题的通知》(国土资发〔2001〕355 号)。

(2)《关于强化管控落实最严格耕地保护制度的通知》(国土资发〔2014〕18 号)。

(3)《国土资源部 国家发展改革委 水利部 国家能源局关于加大用地政策支持力度 促进大中型水利水电工程建设的意见》(国土资规〔2016〕1 号)。

(4)《中共中央 国务院关于加强耕地保护和改进占补平衡的意见》(中发〔2017〕4 号)。

(5)《国土资源部关于改进管理方式切实落实耕地占补平衡的通知》(国土资规〔2017〕13 号)。

(6)《广西壮族自治区人民政府批转自治区发展改革委等部门

关于支持基础设施重大项目建设用地征地拆迁若干规定的通知》(桂政发〔2008〕63号)。

(7)《关于调整广西耕地开垦费征收标准和使用政策有关问题的通知》(桂财税〔2016〕38号)。

(8)《中共广西壮族自治区委员会 广西壮族自治区人民政府关于加强耕地保护和改进占补平衡的实施意见》(桂发〔2018〕31号)。

(四)经验做法

为利于办证流程与前序工作的有效衔接,减少工作中间环节,龙溪公司在工程用地报批过程中同步开展不动产权证书办理工作,同时采取代理方式,委托广西土地勘测规划院负责开展耕地占补、申请供地、申请发证等一系列工作,而工程所在地的具体协调工作主要由龙溪公司自行开展。

三、百色水利枢纽工程广西库区用地确权工作情况

(一)耕地占补情况

关于耕地占补平衡,国家有关部委颁发《关于水利水电工程建设用地有关问题的通知》(国土资发〔2001〕355号)文的有关规定明确:为安置移民的生产和生活新开发出的耕地及按有关规定新开发出的可以调整为耕地的园地,通过土地整理、坡地改梯田新增加的耕地,新增加的可以调整为耕地的园地,可以视同补充耕地;而水利水电工程用地所在县市人民政府土地行政主管部门要按建设项目补充耕地与土地开发整理项目挂钩的要求,认真拟定和组织落实补充耕地方案,保证达到补充耕地与建设占用耕地数量相等和质量相当;省级国土部门要对补充耕地方案的落实情况进行监督检查,并组织验收。

1.占补平衡工作计划安排

按"国土资发〔2001〕355号"文有关规定,水利水电工程建设占用耕地,由建设项目法人负责补充数量相等和质量相当的耕地;没

有条件补充或补充的耕地不符合要求的，建设项目法人应按有关规定缴纳耕地开垦费。百色水利枢纽广西库区淹没共占用耕地面积3 098.078 2 hm^2（右江区3 006.659 0 hm^2、田林县91.419 2 hm^2）。结合《大中型水利水电工程建设征地补偿和移民安置条例》（国务院令第471号）有关规定，扣除25°坡以上坡旱地799.640 7 hm^2后，实际需占补耕地2 298.437 2 hm^2（右江区2 210.521 hm^2、田林县87.916 2 hm^2）。为实现占补平衡，公司按"国土资发〔2001〕355号"规定，拟利用移民生产安置新开垦出的耕地自行补充工程建设所占用耕地中的1 912.046 2 hm^2（其中，右江区开垦耕地1 824.130 0 hm^2、田林县87.916 2 hm^2），以及委托补充耕地386.391 3 hm^2达到占补平衡目标。

2.实施情况

为了具体落实以安置移民的生产和生活新开发出的耕地作为补充工程建设占用耕地的有关规定，公司于2004年11月12日以《广西右江水利开发有限责任公司关于百色水利库区第二、三期移民生产安置右江区耕地开垦项目立项的申请》（桂右水司移字〔2004〕65号）报原百色市国土资源局，以《广西右江水利开发有限责任公司关于百色水利库区第二、三期移民生产安置田林县耕地开垦项目立项的申请》（桂右水司移字〔2004〕66号）报原田林县国土资源局申请移民生产安置耕地开垦立项。2004年12月21日，百色市国土资源局以《关于百色水利枢纽广西库区第二、三期移民生产安置田林县耕地开垦项目立项的批复》（百国土资发〔2004〕89号）同意135 hm^2土地开垦项目立项，预计新增耕地94.53 hm^2；2004年12月22日，百色市国土资源局以《关于百色水利枢纽广西库区第二、三期移民生产安置右江区耕地开垦项目立项的批复》（百国土资发〔2004〕88号）同意1 187.42 hm^2土地开垦项目立项，预计新增耕地1 088.73 hm^2。综上，两者合计用于耕地占补的新增耕地面积共计1 918.66 hm^2，数值层面满足公司自行补充1 912.046 2 hm^2 耕地的占补平衡需求。

随着百色水利枢纽工程建设的开展，为了使广西库区移民工作有序进行，公司与地方政府签订了广西库区水库淹没处理和移民安置任务及补偿投资包干协议，明确了以地方政府作为主体，负责移民安置搬迁及生产安置任务的实施。为此，认为生产安置任务完成，则经批复立项的各村屯移民开垦出的耕地就自行补充库区淹没所占用的耕地。然而直至2016年底，工程通过移民安置专项验收，也未能协调地方国土部门对移民开垦补充耕地方案的落实情况进行组织验收(原因可能为双方对“国土资发〔2001〕355 号”规定实施耕地占补平衡工作的责任主体的理解不同)。

对于无法通过生产安置进行补充的耕地，公司与百色市国土资源局于2005年签订了《耕地补充协议书》，委托百色市国土资源局补充耕地386.391 3 hm^2。根据自治区财政厅“桂财建函〔2007〕253号”文规定 9 万元/hm^2 的标准，共需缴纳耕地开垦费3 477.521 7万元，公司已于2007年 12 月缴纳完毕。

(二)存在问题及难点

1.办证材料支撑问题

根据《广西壮族自治区财政厅 广西壮族自治区自然资源厅 广西壮族自治区发展和改革委员会关于规范和调整我区耕地开垦费征收标准和使用管理政策的通知》(桂财税〔2019〕35 号)规定，各级人民政府是耕地占补平衡的责任主体。单独选址非农建设项目占用耕地的，项目建设单位为补充耕地的责任单位。而按照“国土资发〔2001〕355 号”文要求，公司自行补充耕地部分由移民生产安置予以实施，由于各种因素，特别是有关文件并没有明确在概算中计列移民实施土地整治项目的相关费用，以致当时国土部门并未对广西库区耕地占补实施情况进行验收。经查，至2016年，《国土资源部 国家发展改革委 水利部 国家能源局关于加大用地政策支持力度促进大中型水利水电工程建设的意见》(国土资规〔2016〕1 号),明确了水利水电项目在工程概算中应足额计列补充耕地所需费用,由建设单位在当地国土资源主管部门的指导下,用于实施土地整治项目自行补充耕地。因此,如果仅依靠移民安置专项验收材料的成果,便认为对耕地的占用完成自行补充,进而作为办证材料的支撑显然不够充分。

2.政策依据及相关费用问题

(1)如根据此前耕地占补依据的相关文件,按照《广西基础设施重大项目建设用地征用地拆迁暂行办法》(桂政发〔2000〕39 号)要求,耕地占补标准为水田12.75万元/hm^2,旱地7.5万元/hm^2,公司共需缴纳耕地开垦费16 002.742 9万元。

(2)因历时已久,如按现行标准,即根据《国土资源部关于改进管理方式切实落实耕地占补平衡的通知》(国土资规〔2017〕13 号)、《中共广西壮族自治区委员会 广西壮族自治区人民政府关于加强耕地保护和改进占补平衡的实施意见》(桂发〔2018〕31 号)等文件要求,耕地占补平衡实行耕地数量、水田规模和粮食产能三类指标核销制落实占补平衡,因此公司自行补充耕地部分可能涉及补充耕地指标交易。

按照《广西壮族自治区自然资源厅 广西壮族自治区财务厅关于调整广西补充耕地指标交易指导价格的通知》(桂自然资发〔2020〕41 号),广西补充耕地指标交易指导价格(最低价格)为耕地数量1.5万元/亩,水田规模 15 万元/亩,粮食产能0.7万元/(亩·百公斤[1])。按照土地整治项目产生的指标一般分为新增旱地、新增水田、旱改水等几种类型。每一项指标在计算交易指导价时,应分别计算文件规定的"耕地数量""水田规模""粮食产能"三类指标价格,再进行加总得到指标交易价格。现按照广西库区需新增耕地

[1] 1 公斤 = 1 kg。

1 912.046 2 hm^2(扣除大于 25°坡耕地),其中新增水田274.726 7 hm^2,暂按 7 等耕地,以指导价格(最低价,市场交易波动较大)计算,初步测算指标交易合计所需费用不少于285 522.912 9万元。

(3)在开展申请发证工作过程中,涉及地籍测绘及权属调查等相关费用,按照《财政部 国家测绘局关于印发〈测绘生产成本费用定额〉及有关细则的通知》(财建〔2009〕17 号),结合工程实际情况,单价取0.25元/m^2,百色水利枢纽广西库区共征收土地约1.02亿m^2,测算所需费用为2 550万元。

2016年 1 月 8 日,国家出台《国土资源部 国家发展改革委 水利部 国家能源局关于加大用地政策支持力度促进大中型水利水电工程建设的意见》(国土资规〔2016〕1 号),明确原《国土资源部 国家经贸委 水利部关于水利水电工程建设用地有关问题的通知》(国土资发〔2001〕355 号)同时废止,而该意见自下发之日起执行,有效期五年,现已超出政策有效期。综上,百色水利枢纽广西库区办证所适用的政策依据尚不明确,需向地方政府有关部门进行沟通对接后才能予以明确。

四、下一步工作计划

为积极推进百色水利枢纽工程广西库区建设用地不动产权证书办理工作,在有效借鉴龙溪公司工作经验的基础上,加强与地方自然资源部门的沟通联系,尽快摸清广西库区土地政策及指标情况,厘清工作程序,权衡成本利益关系,进一步有针对性地开展相关工作。同时,为增强工作衔接的便利性,积极探索由具有相应资质、协调能力的单位以代理形式完成耕地占补、申请发证等全流程工作的可行性。

陈启壮　黄　辽　罗　丹